麥可・歐克秀

曾國祥——著

導言

◆哲學與政治

每年十一月的第三個星期四，是「世界哲學日」。聯合國科教文組織（UNESCO）訂立這個日子，賦予了哲學這歷史最悠久的人類知識探索活動嶄新且重大的國際使命：促進不同文化之間的理解，從而學習如何共存，攜手尋求國際社會當前所面臨的各種政治、經濟與環境的共同挑戰。

且看二〇一二年世界哲學日當天，科教文組織總幹事博科娃（Irina Bokova）的發言：

面對錯綜紛雜的當今世界，哲學思考首先需要我們謙卑下來，從自己立場退後一步，參與理性的對話，並針對我們所無法左右的挑戰，共同提出應對的措施……我們遇到的困難愈大，愈需要通過哲學來理解和平與可持續發展問題。

……哲學的多樣化是我們培養兼具包容與寬容的全球公民意識之最大財富。面對無知以及不寬容的泛起，哲學有助於相互理解。

我們會發現，哲學不但被賦予了一個推動世界和平與人類永續發展的重任，也肩負著促進全球公民意識的使命。

哲學之所以能承擔回應人類共同問題的首要理由，在於作為一種反思活動，以自身想法容或錯誤為前提，因此在智識上必須謙卑，再展開與異己的真誠對話。一方面分析、挑戰人類共同未來的重大問題之癥結所在，一方面排除自己的盲點，並確認彼此的看法與價值排序，從而確立可能的出路與選項。

政治（Politics）一詞淵源於古希臘的「城邦」（Polis）概念，對柏拉圖與亞里斯多德等人而言，對政治的探討就是對於正義國度的追尋。

現代主權國家的政治發展出比過去更複雜多元的面貌，研究者思考的政治現象涵蓋從巨觀的統治原則到微觀的身體規訓，而致力於思索政治「應然面」的政治哲學因此有其急迫性。舉凡新科技帶來的各種倫理議題、全球暖化與貧富差距的加劇、國際間的互動原則以及經濟危機時的互助合作、共同和平的維護與人類尊嚴的捍衛，乃至戰爭期間與之後重建過程的正義，全都涉及了「自由」、「平等」、「正義」等核心概念。

結合了上述兩者的政治哲學，正是對政治的本質與其相關概念的系統探究，關乎自由、平等、民主、主權、權威、正義、意識形態……等等。儘管這世界的現象流變不息，我們還是可以透過掌握政治哲學的基本面貌，掌握一切的最根本思考基礎。

◆政治哲學的翅膀

對亞里斯多德這些古代哲人而言，政治哲學的必要無庸置疑，因為它與人類理性動物的本質以及幸福人生的追求密不可分。

我們如果無法掌握政治哲學的核心概念與論述，恐怕難以清楚把握二十世紀迄今的重大社會變遷，諸如：法西斯政權的崛起、極權體制裡的平庸之惡、冷戰的意識形態對峙、全球青年的造反與叛逆、種族與性別平等的追求、全球化與新自由主義的逆襲、宗教基本教義與極右派勢力的崛起、數位利維坦與監控社會的誕生……等等。在愈趨渾沌的時代裡，我們愈需要政治哲學的洞見。

政治哲學將促進我們表達自身立場和參與國際對話的能力，善盡我們身為國際社會或世界公民社會一分子的責任。更重要的是，政治哲學素養的普遍提升，能夠讓一國之內意見相左甚至對立的公民進行理性的對話、走出對立，且能在清楚各種選項以及價值排序的前提之下，尋求真正的共識或適當的妥協。

本叢書正是在如此背景與期待下誕生，分為兩系列，第一個系列以思想家為主題。意在為讀者開啟一扇門，深入一個思想家的人生與思想歷程，見證一個心靈的偉大，見證一個時代的發展。

第二個系列則以觀念為主題。柏林曾引述德國詩人海涅的話語，指出觀念的威力足以摧毀一個文明，因而用觀念史的眼光、以觀念為軸心，考掘與爬梳政治哲學中的核心概念，考察它在跨時代背景下的發展與影響，得以讓我們掌握哲學漫長的歷史演變、內涵，分析人類共同未來的重大問題之癥結所在。

◆人類真的可以活在一個沒有政治的世界嗎？如果不可能，那什麼才是更好的政治？

無論最終的解答是什麼，我們都需要為自己的想像力安上翅膀，而那雙翅膀就是思想的洞見。

當人們開始想像集體美好的可能，政治的哲思就開始了運作，政治哲學就不再是多餘的頭腦體操，而是一種必要。

一九七一年，在反體制的熱潮裡，約翰・藍儂吟唱出了他的〈想像〉（Imagine），要眾人認真地想像一個沒有宗教、國家、戰爭與私人財產的未來。

雖說我們可能也如藍儂唱的那樣，始終是個「夢想家」（Dreamer），但在清楚各種選項以及價值排序的前提之下，尋求真正的共識或適當的妥協，確是歷來夢想家，也是未來夢想家們鍥而不捨追求的最完美境地。

目次

麥可·歐克秀

麥可・歐克秀

麥可・歐克秀

——獻給更美好的未來。

前言　最不妥協的自由

理性是一種很奇妙的力量。雖然沒有人會反對理性的使用可以破除權威迷思、實現個人自由，但理性的誤用與越界，卻可能製造出更巨大、更嚴密的權威牢籠，嚴重箝制個人自由的空間。在我們的時代，理性幾乎已經成了人性的同義詞，而有關人性的自我反噬，歌德的這句名言至今依然發人深省（quoted in Franco, 1990, 214）：

我必須告訴我自己，我想這是真的，人性終將征服一切，只是我同時有點擔心，世界將因而變成一座大醫院，而每個人都將成為他人的人道照護者。

從這個角度來說，我們的時代既是一個理性狂飆的年代，也是一個權威迷惘的年代，因為理性雖然替我們掃除了舊的困惑，卻又為我們帶來了新的困擾。也因此，縱在我們的時代，自由的處境仍舊波濤洶湧，因為就在人們開始把自由視為人類最珍貴之價值的此刻，來自科學、道德、政治，乃至於哲學自身的各種權威迷思，非但沒有消散退場，反而以國家之名重新集結，並打著共同福祉的旗號，宰制了眾聲喧譁的社會，擄獲了渴望自由的心靈。那麼：

自由到底是什麼？

現代社會為何依然潛在著自由危機？

自由在什麼條件下可以獲得最大限度的實現？

自由與傳統的關係為何？

自由與道德權威的關係又是如何？

自由如何可能在現代國家的建制中獲得實現？

現代國家在什麼意義上具有道德特徵？

如果說國家是人的組合，我們要怎樣區分政治組合的不同形態？如果說具有道德特徵的政治組合，就是所謂的法治，我們又應該如何理解法治的要素；諸如公民、規則、權威、義務與正義？

為什麼在法治國家中個人自由可以最不妥協的方式獲得實現？

在本書中，作者將依循歐克秀（Michael Oakeshott, 1901-1990）的論述理路，來回答這些公民社會的基本問題。❶依作者之見，就捍衛「最不妥協的自由」這點來說，這位英國哲學家的思想遺產，蘊藏了許多超乎他同時代學者的真知灼見；在介紹當代政治思想家的叢書中，若是獨漏歐克秀對於個人、社會與國家條件的哲學剖析，將是一個莫大的缺憾。

事實上，這位曾在劍橋、牛津與倫敦政經學院（LSE）輾轉執教過的英倫哲人，在辭世時曾被英國媒體譽為「盎格魯撒克遜傳統，從約翰密爾、甚至柏克以來，最偉大的政治哲學家」（Daily Telegraph）。❷但一個同樣不爭的事實是：歐克秀在西方學界所享有的聲望，與他在華語世界得到讀者青睞的程度，明顯不成比例。探究原因，可能包括以下幾點：

一、**就哲學氣息而言：**與當前主流的分析哲學不同，歐克秀的學思歷程受到觀念論（Idealism）不小的影響，傾向在歷史文化與文明的縱深中，探索人、社會與政治的關係。他大體上接受黑格爾的說法，寧可相信哲學家是「米諾瓦的貓頭鷹，只有在夜幕低垂時才會展翅高飛」（Hegel, 2001, Preface, 23）。

二、**就表達方式而言：**歐克秀同時繼承了英國文人擅長於「散文」而非「論文」寫作的古老傳統，並喜愛以「類比」（analogies）與「隱喻」（metaphors），來闡釋道德與政治思想的深意。

三、**就代表著作而言：**集結歐克秀畢生思想精華的《論人類行動》（*On Human Conduct*, 1975）一書，因過度精煉並充滿哲學「警語」（aphorisms）與歷史「想像」（imaginations），而導致不少讀者望而卻步。

四、**就思想立場而言**：從歐克秀有關人類處境的深邃探索，讀者很難找到可以現學現用的道德法則或政治意見，更別說歐克秀獨特的政治思想觀點，同時容有自由主義與保守主義、個人主義與社群主義、辯護與駁斥現代性的詮釋空間，很不容易分門別類。

五、**就政治現實而言**：歐克秀的政治哲學難以化約為一套目標明確的政治綱領、行動方案或政策指南，因此難以在「政治理性主義」長期當道的華語世界中引起思想共鳴。

但正也因為這些獨樹一幟的特點，使得歐克秀在西方政治哲學版圖上占有一席之地。在這本小書中，作者想要與讀者一起在歐克秀的嚮導下，從事一場「觀念探險」，也就是朝向以自由為軸心的政治觀念星座，開啟一場哲學思辨之旅。

無疑地，我們對於「最不妥協的自由」的探討，是在現代國家的歷史場景中進行的；扼要地說，我們最關注的一道詰問是：

生活於多元社會的個人，如何可能與道德權威共處，並在遵循國家法律義務的同時，保有最大限度的自由？

追隨歐克秀的敘述理路，讀者將會發現，以近代歐洲的思想傳統與歷史經驗而言，唯有當人們生活在法治的「公民聯合體」（civil association）之中，有關公共事務的討論與公共秩序的建立，完全依據成員對於「非工具性的規則（也就是法律）的權威的共同承認」，個人自由才能以最不妥協的方式獲得實現。換句話說，對歐克秀來說，和自由最為相容的國家理念不一定是民主，也未必伸張社會正義，但絕對必須具備法治的精神：法治才是個人自由的堅固堡壘。

為了緊扣此重點來梳理歐克秀的思想風貌，作者基本上將在兩股相互逆反、彼此牽制的哲學思潮之激盪中展開全書的陳述。更明確地說，從歐克秀的眼界來看，西方近代思想史基本上存在著兩種解釋人的條件（如自由、實踐與傳統），社會條件（如道德與權威）以及國家條件（如政治、公民、規則、義務、權威與正義）的對立觀點：

一、重視自由的歷史脈絡、社會的實踐成果與國家的程序規則。

二、強調哲學的終極論證、社會的理性建構與國家的共同目的。

在這個議題上，歐克秀的哲學立場明顯傾向於前者，而他終身一貫的學術志業，便是透過持續批判後者的缺失來捍衛個人自由與個體差異，重現道德語言的語感與用法，並彰顯現代國家的法治精神。

以上的概說也許會讓沒有政治思想背景的讀者覺得霧裡看花，但作者衷心期盼：以「最不妥協的自由」作為主題，不會扼殺讀者繼續閱讀本書的興趣。的確，在某個意義上，作者無意否認，讀者終究必須通過一組特定的哲學詞彙，來認識思想家洞察人類活動的微言大義；在歐克秀的例子裡，這些專門詞彙包括：哲學、理論、自由、傳統、權威、道德、政治、公民、規則、法律、義務、正義、國家等觀念，以及從這些觀念所衍生出來的各種術語，諸如「公民聯合體」、「事業聯合體」、自由主義與保守主義等。

在這本書中，作者將盡可能以淺顯易懂的方式來闡釋這些觀念與術語，而在寫作策略上，則嘗試引用大量的「類比」、「隱喻」、「警語」或「想像」，期待讀者能夠觸類旁通。

| 第一章 |

哲學的意象（I）

一段沒有終點的思想旅行

誠然「類比」、「隱喻」、「警語」、「想像」，乃至於日常生活中的種種例證，可以幫助我們進入哲學世界，但它們終究無法取代哲學本身。說到底，**哲學才是理解哲學問題的唯一途徑**。要理解哲學，必定先要投身其中，千萬不能抱持著學會了游泳才下水的心態。不過，所謂「工欲善其事，必先利其器」，在本書的一開始，有必要先對歐克秀的哲學概念提出一個基本的界定。

◆哲學家是「思想的受害者」

當戀愛中的情侶為愛情的捉摸不定而煩惱，哲學家卻為愛的真諦所苦。

日常生活與哲學思辨

喜愛搖滾樂的讀者，或許聽過老鷹合唱團一首膾炙人口的老歌叫做〈愛情的受害者〉（the victim of love）；無獨有偶，在生平出版的第一本哲學著作《經驗及其模式》（*Experience and Its Modes*, 1933）中，歐克秀曾將哲學家比喻成「思想的受害者」（the victim of thought）（EM, 2）。那麼「愛情的受害者」

與「思想的受害者」有何差別？藉著以下的例證，或許可以幫助讀者認識日常生活與哲學思辨的距離。

在中文語境中，只要一提到刻骨銘心的愛情，很多人馬上聯想到的一句經典對白大概就是：「問世間，情為何物，直教生死相許。」這句話出自元好問的這一闋詞〈摸魚兒，雁丘詞〉，確實優美而傳神，一語道破了愛情的秘辛，難怪會傳誦千古。但若仔細推想，當一對熱戀中的情侶正享受著愛情的甜美滋味時，他們通常不會去追問愛的本質。即便有人因為失戀或種種理由而開始透過文學來表達內心的情思，這也是一種事後的反思，與當下該如何談好一場戀愛並無直接關係。而且這種反思如果持續進行下去，此人一定會離他在現實生活中所追求的「愛的慾望」愈來愈遠，而逐步靠向古希臘人所嚮往的哲學生活：「愛智慧」。因為此時此刻他心中所牽絆的，已經不再是「如何談好一場戀愛？」或「如何追到一位女朋友？」這類的思考，而是對於此一思考的「再思考」，也就是繼續追問「情為何物？」如此，原本為愛情的捉摸不定而煩惱的「愛情受害者」，也就變成了為愛的真諦所苦的「思想受害者」。

當然，這並不是說「如何談好一場戀愛？」無關緊要；對多數人來說，這正是人生的實況，也是自由的實現。然而，一旦行動者的思緒具有明確的目標導向時，他就會被迫停止繼續思考真愛的本質與條件，轉而採取具體行動，來尋求實質慾望的滿足，例如：安排一場浪漫的約會。這顯示哲學家之所以是「思想的受害者」，哲學思辨之所以有別於日常生活，無非是由於哲學家所關注的對象其實不是行動的履行本身，而是使得行動成為可能的條件。所以，正如我們把終身不停追問「自由何物？」、「道德何物？」、「國家何物？」這些問題的人稱作政治哲學家，為真愛的條件所煩惱的人，不是熱戀中的情侶，而是全心思索「情為何物？」的愛情哲學家。

「愛情的受害者」與「思想的受害者」的區別，因而可以說就是現實人生與哲學之間的距離：有人甘願被愛情俘虜，有人寧願受思想磨難。但這並不表示在常人的生活中行動與思想是分開的。剛好相反，對歐克秀而言，行動就是思想，思想就是行動，兩者都是智思（intelligence）的展現，無法硬加區分。

日常生活與哲學思辨的真正區別，在於它們代表智思不同的呈現形態或表現方式。日常生活涉及的通常是情感、慾望與喜好的顯露，也就是透過人與人的交往互動來滿足「想像與預期結果」（imaged and wished-for outcome）：例如追求心儀的對象。哲學則是智思的一種極為獨特的表現方式，它的最終依歸是在追求思想的純粹性，以愛情為例，哲學探索所追問的並不是「如何成功追到特定的對象」，而是：「愛的本質為何？」

經驗模式與哲學思辨

以上的討論雖然有助於我們辨識哲學的特性，其對哲學的界定方式卻還是有些寬鬆，無法充分說明哲學家與理論家的差別。事實上，觀諸人類文明，除了日常言行與純粹思想，智思顯然還有很多不同的呈現形態，也就是有助於我們理解人、社會與世界的各種理論視域或知識觀點，諸如科學、歷史、宗教、美學等。這些知識觀點就是歐克秀在他初試啼聲的哲學著作中所提及的經驗模式，而在後期著作中，他則傾向稱之為：理解平台（platforms of understanding）、理論工具（instruments of theory）或探索範式（idioms of inquiry）。

根據這些，我們不禁要問：

哲學與這些理解平台之間的關係究竟是如何？

這些平台彼此之間的關係又是如何？

這個提問至為關鍵。因為專以政治生活為研究主題的政治哲學，顯然只是一種特殊的哲學活動，它的範圍並不能涵蓋全部的哲學知識。若用歐克秀的術語來說，則政治哲學實質上只是一種帶有條件的理解平台（a platform of conditional understanding），也就是「依據條件」（in terms of conditions）來對政治生活進行理論反思。

◆理論家「依據條件」認識世界

一般人看到時鐘會問：「現在是幾點？」理論家卻反問：「時間是什

麼？」

理解平台

關於理解平台，我們不妨援引歐克秀有關時鐘與時間的區分來做延伸討論（OHC, 9）。

時間是日常生活中十分重要的一個觀念。一位等待著下課的學生C凝視著掛在教室黑板上方的時鐘，心裡可能不停地嘀咕著：「現在是幾點了？」「老師怎麼還不趕快下課？」如果說迫不及待要在下課後去操場打球，是這位學生此刻「想像與預期的結果」，那麼他的想像與期待實已包含了他對於周遭經驗的一定理解，例如：每一節課上課時間是五十分鐘，目前已經上課四十五分鐘，再過五分鐘就可以下課……等等。

假設C急著想要逃出教室的這門課是「哲學導論」，而老師正在講解的主題，恰巧是時間的性質。當老師指著牆上的時鐘對學生說：「曆法與時鐘都是建立在某種連續性的時間序列觀念上，所以在日常生活經驗中我們確信，二〇一六年是在二〇一五年之後，九月是在十月之前，而四點零一分必然緊接在四點整之後。」這時，老師所關注的問題，顯然並不是：「現在是幾點？」而是：「時間是什麼？」換言之，這位哲學老師所在講解的內容，雖與幾點下課無關，卻是C對時鐘的常識理解所依賴的條件：「時間的連續性」。

這即是說，誠然行動和思想是無法切割的，但行為舉措（doing）和理論活動（theorizing）之間卻具有範疇差異（OHC, 3 n1），因為我們從事理論活動的目的，並不是為了確認原有的認識：例如在各種場合中反覆追問：「現在是幾點？」相反地，是為了「依據條件」來對原有認識進行再認識：例如：「依據時間的連續性條件」來探索曆法與時鐘的原理（theorems）。就這點來看，所有理論活動共同具備的一個特性，就是藉著提出一些還沒有被充分認識到的問題（OHC, 10）來擴大我們理解的範圍，從而使知識能更趨近於完整（completeness）、飽滿（comprehensiveness）與連貫（coherence）的狀態。

除了像C那樣關注下課的時間之外，人們對於時鐘顯然還有其他各種不同的理解方式。舉例而言：

S的場合——

一位具有理工頭腦的學生S，聽著時鐘滴答、滴答的作響，心中可能會有個衝動，想把時鐘拆開來，仔細研究它內部的機械原理。

H的場合——

一位即將畢業的大四學生H，走進教室準備聆聽他大學生涯的最後一堂課，抬頭瞥見牆上的時鐘時心中所浮現的點點滴滴，很有可能是在這間教室裡面所實際發生過的具體事件：某一段終身難忘的友誼，或某一場刻骨銘心的愛情。

A的場合——

而當一位美術系的學生A不經意地看到這個時鐘時，他百思不解的疑惑卻可能是：為何大家通常只關注時鐘是否準確，而很少有人會真正在意它的形狀、色彩與造型？

在上述例子中，C、S、H、A分別體現著人類認識世界的幾種不同趣味，也就是前述的理解平台、理論工具或探索範式，例如：實踐、科學、歷史與美學等。這些理解平台不但從不同的觀察面向，擴展了我們對於世界的閱讀，而且每一種觀點都預設了若干特殊條件。例如：

C在日常經驗中對於時鐘的認識，是以「時間的連續性」為前提。

H具有懷舊意識，對於歷史女神克里歐（Clio）的情有獨鍾，意味著他執迷於在「過去」偶然處境中已然發生過的具體事件。

S是從科學研究所重視的「因果關係」或「因果性」條件來解釋時鐘的機械原理。

A專注於美感經驗，充滿了「想像力」，對於美的事物，有著用之不完、取之不盡的創意與靈感。

很明顯地，以上的說明主要指向理解平台的特性，而非真的從「因果性」、「過去」或「想像力」等條件來認識世界；換言之，我們實際上是從哲學的思緒，來追索使得科學、史學或美學等理解平台成為可能的條件，而不是從科學家、史學家或藝術家的特殊觀點，來對特定問題提出特別的解釋。

「揭露條件」的哲學家與「依據條件」的理論家

以此推之，相對於「依據條件」來認識世界的理論家，嚴格意義下的哲學家的主要工作，即是「揭露理解活動的條件」（a disclosure of the conditions of the understanding）（OHC, Preface）。[3]我們不妨再舉兩個例子，來進一步闡釋致力於「揭露條件」的哲學家與「依據條件」來認識世界的理論家之間的差別。例如，同樣面對擺在我們眼前的一杯水：

一般人想到的是喝水止渴的「慾望」。

詩人心中所呈現的意象或許是「柔情似水」。

歷史學家想問的卻是水資源對於過去某一特定時代的人群生活的影響。

在化學家眼中水不過就是「H_2O」。

又例如，同樣是看到一棵樹：

當某人在豔陽下走累的時候，其「想像與預期結果」大概就是找個陰涼的樹蔭來稍事休息。

如果他是一位熱愛植物學的人，從小喜歡窮究事物的「因果」、「數量」與「通則」，那麼他很自然會跟朋友談到樹的年輪、種別、成長環境、光合作用，等等。

如果他是偏愛「過去」、「變遷」、「具體意義」的一位歷史系學生，則他可能從一棵樹聯想到社會結構的轉變，諸如：工廠的遷移，環境的綠化，人們對於生活休閒與娛樂的重視。

最後，如果他是一位富有「想像力」的文藝青年，看到這一棵樹，他可能會寫下一首情詩：

如何讓你遇見我
在我最美麗的時刻　為這
我已在佛前求了五百年
求祂讓我們結一段塵緣
佛於是把我化作一棵樹
長在你必經的路旁……

〈一棵開花的樹〉——席慕蓉

哲學家不占據任何理解平台

而哲學呢？再一次地，對歐克秀來說，它的任務並不是援引某一理解平台來直接面對世界，而是置身在無止無盡的思辨歷程中，持續辨識各種理解平台的條件（OHC, 11），亦即，「對條件的條件進行無止無盡探索」（a tireless exploration of the conditions of conditions）。[4] 如果說哲學的探索彷佛是踏上一場思想的旅程，那麼這趟旅行並沒有最後終點可言。或換個角度來說，人類的認識活動基本上是始於日常生活的感受體驗與交往互動，並隨著文明的演進，逐漸形成了繽紛的理解平台，來持續擴展我們的知識地圖；哲學探索的目標，並不是重新繪製一張知識地圖，來指引各種理解平台的發展方向，而是在既有的知識地圖上，確認各種理解平台的對應位置與相互關係。

◆半途而廢的哲學家

政治哲學家「依據條件」解釋政治生活的特徵。

承繼上一節，我們不禁要問：

政治哲學究竟是一種試圖「揭露條件」的哲學活動，還是一種「依據條件」來認識政治世界特徵的理論活動？

從前文的討論我們可以知道，如果按哲學的嚴格定義來講，政治哲學家毋寧更像是一位半途而廢的哲學家，因為他對於人類政治活動的關注將使其停下步伐，不再繼續邁向思想旅途中那遙不可及的最後終點。打一個比方來說，哲學思辨就像是涉足一場無邊無垠的遠洋航行，在航程中有些理論家也許會稍作「停頓」或「終止」航程，並放下魚網、魚鉤等器具來就地捕魚；然而，哲學家卻因更熱中於摸索捕魚的理論器具，而不從真正撒下魚網，其結果當然是捕不到任何一條魚（catch no fish）（OHC, 11）。

換言之，政治哲學——或更廣義地說——實踐哲學與道德哲學，預設著特定的研究對象，那就是**人類活動**（human conduct）。就此而言，政治哲學研究不但離不開實踐哲學與道德哲學的視域，而且必須「依據條件」來解釋人類活動中的政治生活特徵。借用歐克秀在《經驗及其模式》中的一個說法，政治哲學因而只是一種「偽裝的哲學」（pseudo-philosophy）（EM, 345），因為它並沒有持續「對條件的條件進行無止無盡探索」，而是在半途中停止航程並「依據條件」來解釋政治活動的特徵。

政治哲學作為一種理解平台

在歐克秀筆下，政治哲學基本上被看成是一種條件性的理解平台；若放在近代歷史脈絡下，政治哲學家實際上是「依據條件」來解釋國家特徵及其範式的理論家。不過，依循一般慣例，本書仍將沿用政治哲學的用法，而不刻意以政治理論取代政治哲學；只是讀者必須謹記在心，對歐克秀而言，政治哲學只是哲學的一種特殊的、有限的呈現方式。有關哲學與政治哲學（作為一種政治理論）之間的基本差別，歐克秀曾如是說道（OHC, 25）：哲學家「雖有一座天堂般的家園，但他卻不急著返回；如果他想要對道德活動或公民聯合體進行理論化，他就必須斷然捨棄形上學」。

「實踐」的意涵

進一步看，政治哲學在性質上屬於實踐哲學的一環，並因而涉及倫理學或道德哲學的研究；依歐克秀之見，道德哲學家同樣並未走完哲學的全程[5]，而寧可轉從某種條件性的理解平台，來探索關乎道德的人類實踐活動的特徵。然而，必須特別注意的是：「實踐」（practice）一詞在歐克秀前後期的論著中，具有兩層相關但不完全等同的意涵。

基本而言，「實踐」如果是以單數形式出現，可以被看成是相對於科學和歷史等理論活動而言一種經驗模式，也就是涉及交往互動與道德考量的實踐活動；然而，當「實踐」以複數形式（practices）出現時，則是指人類行為的傳統或範式，也就是「實踐體」或「實踐常規」，其定義為：「限定行為履行的一組條件」（a set of conditions which qualify performances）（OHC, 119-120）。在後面這層意義上，不僅實踐活動涉及「實踐常規」，就連科學與歷史等理論活動也都有其自主的「實踐常規」（cf. OHC, 57 n1）。

「實踐體」或「實踐常規」是我們通透理解歐克秀哲學的一個關鍵，稍後將有更多討論。現在，必須緊接著指出的是：由於實踐一詞在語意上的含混，歐克秀在《論人類行動》中乃將其限定在「實踐體」或「實踐常規」的用法內，並改以「人類行動」（human conduct）來取代「實踐」，以「人類行動理論」（theoretical inquiry of human conduct）來替代「實踐哲學」。

在歐克秀的構想中，人類行動理論在議題範圍上雖然和傳統實踐哲學相去不遠，但在研究性質上卻代表著一種理解平台或理論工具，試圖「依據條件」來擴大我們對於日常行為、道德考量、宗教信念與政治思維的原有認識。[6] 在後文中，為了讀者閱讀之便，作者將保留實踐活動與實踐哲學的用法，並依據語境的不同，轉換使用實踐活動、實踐哲學、「實踐體」或「實踐常規」等詞彙；換言之，在隨後的討論中，人類行動與實踐，或人類行動理論與實踐哲學，基本上是指同一件事。

程序與過程

不僅如此，在《論人類行動》中，歐克秀還著手將知識觀點區分成兩種不同的「理論探索秩序」（orders of theoretical inquiry）：

一、**人類智思**：如果理論家所關注的，是智思的展現，如倫理學、政治哲學、法理學、歷史學、美學等，那麼他所面對的研究「程序」

（procedures），便是由價值、信念、行為、制度等所構成的「實踐體」或「實踐常規」。

二、自然現象：反過來說，假使理論家所探究的重點，為「非智思」（non-intelligence）的自然現象，如物理學與化學，那麼其所面對的研究「過程」（processes），就是自然法則、因果關係與決定論（OHC, 12-18）。

基本而言，屬於同一探索秩序的理論平台，例如政治哲學與政治思想史，雖然各有不同的條件與特點，但因所關注的主題性質相通，所以更容易藉著相互對話，來對政治生活形成更完整的認識。

◆本書的探索範圍

人、社會與國家的三重奏

綜上所述，如果說政治哲學的主要任務，是「依據條件」來認識國家的類型與條件，那麼政治哲學的開展，不但涉及道德哲學（甚至宗教哲學），而且必須以人類行動作為討論起點，因為政治與道德的實踐活動，實際上都是人類行動的一環。依此推導，本書的探索範圍包括以下的議題：

一、人的條件：主要涉及「自由行動者」（the free agent）與「實踐體」（practices）或自由與傳統的問題（用當代的術語來說，此即哲學人類學的工作）。

二、社會的條件：主要涉及道德與權威的問題。

三、國家的條件：若以歐克秀所關注的「公民聯合體」而言，則其組成條件大致上可以藉著政治概念的三層內涵加以歸類如下：

（1）政治組合：公民、規則。

（2）政治生活：公共關懷、法律權威、義務、正義。

（3）政治審議：公民利益（bonum civile）。

四、國家特徵的歷史敘述：對歐克秀而言，有關國家特徵的歷史敘述與政治哲學研究之間具有相輔相成之效。

合而論之，本書的敘述結構與章節安排，大致如下：

章節	主題		
1、3	哲學探索		
3、4	人的條件		行動者與實踐體；自由與傳統
5、6	社會的條件		權威與道德
7-9	國家的條件	1. 政治組合	政治的意涵、公民、規則
10-13		2. 政治生活	公共關懷、義務、權威、正義
14		3. 政治判斷	公民利益
15	國家的特徵		*societas* vs. *universitas*

英國的海德格

雖然歐克秀的哲學論文頗具詩意，甚至曾被推崇為「英國的海德格」（Turner, 2005），這並不表示他的思想缺乏系統。剛好相反，歐克秀可能是當代最具體系性的政治哲學家之一。理解歐克秀的政治哲學的最好方法，因此不是片面挑選他的某篇文章或某個概念進行解析，而是「以歐克秀的思路來閱讀歐克秀」。只要讀者願意花時間耐心讀完全書，一定會發現以上這些概念不僅環環相扣、相互界定，而且正是在概念與概念之間所形成的詮釋循環中，表露出了歐克秀認為一本好的哲學文本所應具備的對話性與啟發性。

| 第二章 |

哲學的意象（II）

一場沒有最終結論的人類對話

在正式進入人類行動的哲學討論之前，我們必須先闡釋歐克秀哲學觀念所蘊含的三項特性：**多元差異**、**內在觀點**與**自主判斷**。在後文的鋪陳中，我們將有機會看到，這些特性究竟是如何貫穿歐克秀的思想體系。

◆多元差異

如果文明是一場人類對話，那麼各種知識觀點就是對話中的不同聲音。

範疇錯誤

首先，哲學家最忌諱的一件事便是犯下範疇錯誤。所謂的範疇錯誤，就是指理性的誤用與越界。例如，以科學知識的條件作為美學經驗的標準，或以政治行動的需求扭曲過去發生的歷史事實。

對歐克秀而言，要求一位藝術創作者遵循科學的因果法則，或強制一位歷史學家建立政治正確的史觀，就好比在棒球比賽中被迫改用足球的規則，完全顛倒是非，不明事理。事實上，歐克秀再三強調，誠然哲學的工作是「揭露條件」，但哲學家並無意導正這些條件或成為各種理解平台的替代品。據此，我們或不妨說，哲學家雖然喜愛在別人停止思考的時候繼續思考，但由於哲學家執著於「對條件的條件進行無止無盡的探索」，所以他並無意打斷別人的思考，或以自己的思考取代別人的思考。哲學家只有在思考哲學問題的時候，才是一位哲學家。

因此，如果文明可以被比喻成一場包羅萬象、卻沒有最終結論的「人類對話」，那麼各式各樣的知識觀點，就彷彿是出現在這場對話中的不同聲音，而作為文明成員的個體，就只能盡情投身在眾聲共鳴的交談中，才能真正體現自己思想與行動的自由，並學習成為自己想要成為的那個人。換言之，歐克秀的「對話」觀念，象徵一場「未被事前排演過的知性探索」（VP, 10-1; VLL, 39），呈現著多元開放的文化願景，在對話中「每一種聲音都傾訴著自己的語言，雖然在不同的時間中一個聲音可能大過其他的聲音，卻沒有一種聲音有必然的優越性，遑論首要性」（VP, 55）。但很不幸地，現代社會刻正面臨一個深層危機：「人類對話」如今已變得相當枯燥、乏味與貧困，因為科學與技術的聲音幾乎完全壓過了歷史、宗教、藝術、文學、道德等等言說方式，而成為一種壟斷性的、支配性的知識霸權。就此而言，範疇錯誤實為現代文明的一種禍害，因為理性的誤用與越界，正是造成各種權威迷思的根源。

理性越界

歐克秀拒絕追求統一的最高理性，並倡議一個知識開放與價值多元的自由社會。換句話說，歐克秀所反對的，並非理性本身，而是理性的誤用與越界；歐克秀所質疑的，並非理性在個別知識領域與價值脈絡中的適當使用，而是他筆下的「理性主義」（Rationalism）風潮；例如：相信某些天資卓絕的哲學家擁有超過常人的最高理性來追求絕對真理與完美至善，進而以此建立永不出錯的原則，作為社會改革與政治改造的綱領。在批判「理性主義」的背後，其實蘊藏著歐克秀對於西方主流的「永恆哲學」概念的深刻質疑（這點我們在後面討論權威時也會說到）。

許久以來，哲學總是被當作眾學之后，是人類知識桂冠上最閃亮的一顆寶石；而在現代世界中，哲學的主要使命則是藉著禁得起科學理性檢驗的知識利器，帶領人類迎向穹蒼、征服自然、排解衝突、建立秩序。相對於此，如果說知識開放與價值多元才是歐克秀嚮往的文明願景，那麼哲學家便不應自視為「真理的守護者」，執意把不符合科學理性的「雜音」排除在「人類對話」之外。恰恰相反，就像我們和朋友的日常交談一樣，「人類對話」並無法預先排演，而對話的樂趣，就在於聆聽別人的意見，並學習表達自我的觀點。

◆內在觀點

語言不是文法學家所發明的，知識也非哲學家在書齋中發想出來的觀點。

深層多元主義

順著歐克秀深層的多元主義（deep pluralism）來看：哲學因此不過是「人類對話」中的一種特殊聲音，並沒有凌駕其他知識觀點的最高權威。但正也因為哲學的最高權威被瓦解了，所以各種知識觀點都可以從相對自主的內在觀點，來衡量各自的使命與成就，無須仰賴任何外在的標準。換言之，對歐克秀而言，不僅哲學與知識觀點之間具有範疇差異，不同的探索秩序之間亦是「不可共量的」（incommensurable），而即便是屬於同一探索秩序的知識觀點，也只有對談的空間，絕不能相互取代。

實踐自主性

因此，在後文的討論中，讀者會發現「實踐自主性」（autonomy of practice）是我們探索歐克秀的道德與政治哲學所不可或缺的一個視角。「實踐自主性」的大意是說：不僅自由是內在於人類行動的必然特徵，就連道德及政治活動所涉及的權威、對錯、法治、義務、正義與判斷等觀念，亦不依靠哲學理性的終極論證或科學解釋的客觀效力，而是源自一個社群內部自主的生活方式，也就是所謂的「實踐體」或行為傳統。也因此，除了政治哲學與政治思想史之外，歐克秀在學術上最為人所津津樂道的其他貢獻，就是致力於闡釋歷史、宗教與美學等知識觀點，有別於科學、並不聽命於哲學指揮的自主特性。

此外他還撰寫了一系列有關教育思想的著述，強調教育的內在作用是引導學生與文明對話，進而實現個人自由：自我認識、自我彰顯與自我形塑，而不是為了增進社會福祉或提升國家競爭力等外在理由。因為一旦教育失去了內在價值而屈服於外在的工具考量，那麼國家權力就可輕而易舉地假借各種集體利益之名，來控制大學經費，甚至破壞學術自由。

由此觀之，對歐克秀來說，正如語言不是由文法學家所發明的，實踐、科學、歷史、宗教、美學等知識，也不全是哲學家在書齋中發想出來的一些觀點；相反，它們都是智思的展現，人類活動的重要成就，哲學家雖然志在探索它們各自獨立的特殊條件，卻不應越俎代庖，逾越自己的職權範圍，去評斷各種知識觀點的客觀基礎。但顧及本書主題，後文的討論只能割捨歐克秀有關歷史哲學、教育哲學、美學與宗教思想的精闢洞見，而把重點集中在他最負盛名的政治哲學之上。

◆自主判斷

一位好的言談者不是只會背誦文法規則，而是能在特定語境中找到最適當的字詞表達自己的觀點。

政治哲學的侷限

基於「實踐自主性」或「行動自主性」，歐克秀於是明確主張：哲學家也好政治理論家也罷，應該把實踐理性——發動行為的理由——還給真正生活在現實世界中的行動者。

因此，誠如後文所將指出的，在歐克秀看來，道德活動具有「非工具性」（non-instrumental）的特性，「道德活動不是在解決現實問題」，道德哲學的工作也不是在「證成行為」（OHC, 64, 68-70）。

同理，承載道德特質的「公民聯合體」是一種「非工具性」的人類組合，政治哲學不能成為政治活動的指導，或更切題地講，「政治哲學本身並不是政治方案，它並不是建造一個政治方案所需的一個基礎或一組普遍原則」，「在真正的哲學中並不存在著實踐指導原則，如果我們追求的是後者，我們必須『擱置哲學』」（RPML, 137, 155; cf. 135）。

政治哲學不會增加我們在政治活動中靈活自得的處事能力，也不能直接告訴我們政治計畫的優劣，更無法引導我們「追求傳統的暗示」（the intimations of tradition）（RP, 65）。一言以蔽之，面迎現實生活，我們迫切需要的，不是哲學家或理論家的耳提面命，而是行動者的自主判斷。

關於「傳統的暗示」，稍後另有議論。在這邊，我們若用前面的例證來做引申：哲學家有關「情為何物？」的省思不論再怎麼精闢，都無法替代戀愛本身的滋味。因為對於「情為何物？」能有深刻體悟的哲學家，不一定就是情場上懂得運用戀愛技巧的高手，而且實情往往相反。換句話說，就像專門研究喜劇本質的藝術評論家，自己不用很會講笑話（cf. OHC, 34）；專門研究市場機制的政治經濟學家，自己不一定很會賺錢[7]，思考愛情本質的哲學家，自己也未必就是情場高手。同理，我們似乎沒有理由說一位傑出的政治哲學家必定就是一位理想的政治家。

對歐克秀而言，人類活動的特性其實和語言最為接近；正如把一種語言說好需要的是語感，而語感涉及言談者對於語境、語意與用法的「默會認識」（tacit knowing）或「傳統知識」做出正確的政治判斷，需要的是實踐智慧，而實踐智慧離不開行動者對於社群的價值信念與思考方式的把握。的確，在某個意義上，文法學家對於文法規則的整理，可以幫助言談者洞悉語言的肌理，然而，就好像熟背英文文法規則的學生，雖然能在托福考試中取得優異的分數，卻未必能說出流利道地的英文，熟知道德原則與政治原理的學生，或許可以在課堂上有驚人的表現，卻不保證未來可以成為才德出眾、判斷精確的政治家。

政治世界的流變

對古典哲學家而言，政治的目的是在追求真理與至善，而政治哲學則是最高正義的守衛者；但在歐克秀看來，政治是人類永恆的困境，而政治哲學並無法藉著抽象的原則來窮究複雜的現實世界。事實上，歐克秀在字裡行間所時常傳遞的一個警訊是：我們時常把政治看得太簡單了，以為只要找到一組正確無誤的理性通則，政治事業就可以按部就班地步上軌道，並朝著我們預先設定的方向發展。然而，抱持這種想法的人，就跟相信只要有好的食譜就可以做出佳餚的人一樣，著實誤解了人類行動的實境。

的確，假使哲學家是食神，可以寫出一份出神入化的政治食譜，讓進入政治廚房的新手，都能拿著食譜來做出滿足大家胃口的菜餚，那麼所有的政治爭議，無一不可迎刃而解。然而，從前面的討論可知，對歐克秀而言，哲學家所真正關注的是「美味是什麼」，而非「如何做出佳餚」。更何況，食神之所以是食神，並非因為他擅長撰寫食譜，而是因為他那「一小撮糖、少許鹽、文火慢燉一段時間、稍微收乾……」運用自如卻無法寫進食譜之中的「火候」。

◆行動世界

哲學家是米諾瓦的貓頭鷹，只有在夜幕低垂的黃昏才展翅高飛。

總結以上討論，筆者必須坦言，在政治哲學與現實世界的關係上，歐克秀的觀點顯露著黑格爾主義的氣息。

黑格爾在《法哲學原理》（*Elements of Philosophy of Right*）中曾對哲學家提出一個著名的譬喻，他說：「哲學家是米諾瓦的貓頭鷹，只有在夜幕低垂的黃昏才展翅高飛。」熟悉希臘神話的讀者大多知道，羅馬人的米諾瓦即是希臘人的智慧女神雅典娜，而雄赳赳地佇立在這位雅典守護神肩頭上的那隻貓頭鷹，因此歷來皆被視為智慧的象徵；至於夜幕低垂的黃昏，則是暗指人類文明的危機與困頓。

順著這個概念，對歐克秀來說，當米諾瓦的貓頭鷹在實踐理性的黃昏裡再次展翅高飛時，個人自由的險境固然歷歷在目，但哲學家的進場注定為時已晚，既無法挽回頹勢，更無力讓神廟從廢墟中重建起來。當然，黎明的曙光也許在不久的將來就會再次降臨，但正在等待迎接晨曦微光的人，並不是為思想所苦的哲學家，而是擁有自由卻困陷在這個世界中的芸芸眾生。換言之，在哲學與行動世界之間存在著一道無法逾越的鴻溝。

個體價值

雖然如此，通過後文的探討我們將深一層地認識到，歐克秀獨特的哲學理念的雙重特性，即是在持續不斷的自我批判中，捍衛傳統中值得守成之價值：

一、**從批判面來看**：由於人們渴望自由的心靈仍聲嘶力竭地吶喊著，其回音並沒有隨著理性主義時代的來臨而消逝，因此只要實踐理性的天空依然昏暗，歐克秀對於理性的誤用與越界所發出的哲學挑戰，就還深具時代意義。

二、**從守成面來看**：透過對永恆哲學、道德普遍主義、科學至上主義、政治理性主義等支架「啟蒙計畫」的主流文化信念的批判，歐克秀之於個體價值與個人自由的辯護以及有關「公民聯合體」理論的重構，同時為西方現代性的重要成就與寶貴資產，保存住了一線歷史生機。

人文情懷

持平而論，歐克秀的哲學理念雖然沒有指導現實世界的崇高使命，但藉由對理性主義的反省、對權威迷思的拆解，其哲學仍充滿對話性、思辨性、探索性與啟發性等人文情懷。如果說在理性主義環流的衝擊下，我們已經慣於從外在觀點來確立人、社會與國家的客觀特徵，從而令個人自由深陷在最高理性、絕對真理、完美至善、共同目的與集體目標的層層綑綁中而不自覺，那麼歐克秀在「藉著條件」來重新認識人、社會與國家的理論歷程中，不僅一路破解束縛個人自由的所有外在權威，更從內在觀點重申了「最不妥協的自由」的深意，期待真正在使用實踐理性的行動者，能夠提出理由來對個人的生命意義與公共事務進行自主判斷。[8]

| 第三章 |

自由的意義

沒有自由，
人就什麼都不是了！

有此說明，本章將從人的條件或人的處境（the human condition）開始談起，而在歐克秀的理論探索中，人類行動最為根本的一項條件，就是自由。

◆自由即自我認識

所有的人類活動都是自由的展現。

想像與預期結果

關於自由，我們不妨先舉一個簡單的例子來做開場：

上街買東西，可能是我們日常生活中再稀鬆平常不過的一件事情了。現在，假設有位年輕男子正在向店員詢問兩套西裝的不同價格。對崇尚理性經濟人的經濟學家而言，這意味著此人是一位追求自我利益極大化的行為人，比價這個行動就是他在市場中尋求效益極大化的方式；而經濟學研究的重點，無非是在解釋市場機制的因果法則。相對於此，一位重視脈絡意義的歷史學家所感興趣的問題，卻可能是西裝之所以成為正式服裝的時空背景。例如：這位要購買西裝的行為者所生活的社會，究竟是如何被席捲進西方現代性的進程之中，並因而踏襲了西方世界的服飾與流行文化。

然而，若從人類行動理論來觀察這個現象，亦即，依據行動哲學或實踐哲學的觀點，我們不難發現這位年輕男子的舉動背後其實包含著他從事此一行為的「想像與預期結果」。例如：他可能正在思索是否要為後天的博士論文口試添購一套新的西裝，並試著和店員討價還價，以便得到一個合理的價格。當一位行動者為了滿足其「想像與預期結果」而去從事某些活動，對歐克秀而言，這便是自由。

自由行動者

更具體地說，人類行動理論作為一種理解平台，正如經濟學或歷史學，基本上也是「依據條件」來認識這個世界。然而，與經濟學的「經濟人」假設或歷史學有關「過去」的假定不同，人類行動必然預設一位「自由行動者」（a free agent）的條件（OHC, 36）。換言之，具有反思意識（reflective consciousness）的行動者，基本上具有下述三種行動能力（OHC, 32f）：

一、可以藉由「**審議**」（deliberation）的方式，來對他所遭遇的偶然處境做出具體回應與更恰當的選擇（例如購買西裝）。

二、可以透過「**說服**」（persuasion）的言說，來化解其行動所面臨的障礙（例如議價）。

三、可以藉著對活動的特徵提出「**解釋**」（explanation）（諸如計算價格成本），來解決困惑並對人類事務形成更好的理解（OHC, 41-50）。

根據上述的觀點，**自由**無非是內在於（intrinsic to）人類思考與舉措的一種基本能力（OHC, 49），也就是人的自我認識（self-understanding）能力。所有的人類活動都是自由的展現，「從事活動即是成為一位自由的行動者」（OHC, 70）。換言之，人因為自由而偉大；反過來說，若是沒有自由，人就什麼都不是了！順著這個討論來看，我們日常所面對的世界，即是一個行動世界（the world of pragmata）。

而在理論的意義上，歐克秀所謂的行動世界，顯然不是指某一實質行為的履行（the performance of a substantial action）（例如：上街買東西），而是指人類行動整體的理想特徵（the ideal character of human conduct）（OHC, 34）。因此，人類行動理論的研究對象，並非個別行為，而是「自由行動者」之間通過交往互動（transactions）而形成的人際關係；對歐克秀而言，人際之間的交往互動是在所難免的，因為每一位「自由行動者」都試圖透過「自我彰顯」（self-disclosure）與「自我形塑」（self-enactment）[9]，來追求「想像與預期結果」的持續滿足（OHC, 23, 35-36, 46, 54, 57, 59）。

◆自由與必然性

眼皮的跳動，既可能是有意義的「眨眼示意」，也可能是不自主的「神經抽動」。

由此觀之，人類行動的兩項根本條件，分別是「自由行動者」及其透過交往互動而形成的人際關係，也就是前文提及的「實踐體」。不過，在對此二條件提出進一步解釋之前，我們不妨先來看看這裡所引發的一項哲學爭議：自由與必然性。

如前所述，歐克秀區別了兩種不同的理論探索秩序，亦即：

一、因果法則所支配的「過程」。

二、偶然流變的「程序」。

理由與原因

雖然，歐克秀坦承並非所有理論工具的研究對象，都是關於智思之展現的「程序」，例如：物理學與化學所關注的，便是非智思的「過程」。但他卻強烈質疑當代主流的社會科學，包括心理學、社會學與經濟學，因受「實證科學觀」的影響而傾向於從「過程」來解釋人類行為的因果關係（OHC, 20-25, 38-39）。因為如此一來我們探索人的條件的重點，就不再是「自由行動者」在意義世界中的彰顯與扮演，而只能轉從必然性或決定論的觀點，並依據「基因學的、心理學的，或所謂的『社會』過程」（OHC, 89），來解釋行為的發生原因與可能後果。因此，他再三強調「行動」（conduct）絕非當代行為主義所關注的「行為」（behavior），並嚴峻批評各種盛行的社會化、社會學習或社會環境等有關行為之因果鎖鏈的科學論述（OHC, 89, 93-100）。

另一方面，歐克秀雖不否認行動者可以通過學習，自由選擇參與不同的「實踐體」，努力成為一位盡責的老師或良善的公民，但他卻悍然拒絕接受以某種永恆的完善理念（the idea of perfection）作為人性發展的終極歸宿，也刻意避開效益主義的人性科學（the science of human nature）概念（OHC, 80, 87）。

換句話說，歐克秀注意到了，西方學術傳統中其實存在著兩種理解人的不同觀點：理由與原因。

對此，我們不妨舉一個例子略加說明。假設有一群學生在課堂上看到老師的眼皮不停地跳動。依據前文的討論，這既有可能是因為老師前晚熬夜備課，所以他的眼睛因過於疲勞而不自主地產生「神經抽動」；這也有可能是因為校長剛好從教室的窗口走過，老師希望學生裝得像是在認真上課，於是有意對著他們「眨眼示意」，要他們趕快把手機和課外讀物收起來。

在此例證中，「神經抽動」無疑是非智思的運動，其「原因」必須訴諸法則，也就是依據「過程」來做解釋；「眨眼示意」卻是智思的自由展現，其「理由」必須扣住行動脈絡，也就是「實踐常規」來做理解（OHC, 15）。沒有人會反對「科學」知識的重要價值，但如果我們中了科學至上主義之毒，全盤放棄對「程序」的理解而屈從於「過程」的解釋，那麼人類對話中將不再有涉及行為意義、道德理由、宗教信念與政治審議的人類行動理論，徒留下行為的統計數字與模型。

偶然與恆常

關於「眨眼示意」，有待補充的一個重點是，教室裡的成員顯然必須對

「眨眼示意」的意義，有一些基本的認知或默契，例如同樣的情形曾經發生過幾次，否則老師的動作不一定能引起共鳴，甚至可能會造成誤解；例如：剛剛在打瞌睡的學生可能誤以為老師是在向她拋媚眼，表示愛意。

引用歐克秀自己的陳述來說，這裡所提到的認知或默契，其實就是我們相互交流的共同經驗、彼此熟悉的行為模式所給予我們的「暗示」；以此論之，我們對於某．特定的「實踐常規」的共同承認，實際上就是在「追求傳統的暗示」。

這清楚顯示，探索人類行動和解釋一個時鐘的機械原理，是截然不同的兩回事；前者涉及人與人之間偶然流變的交往互動，而後者的焦點則是鎖定在恆常不變的原則與原理。事實上，隨著後續章節的推進讀者會慢慢察覺，歐克秀的「公民聯合體」理論的最大特點，就是扣住具體的人際關係，而非抽象的科學原則，來闡釋道德活動與現代國家的條件。

換言之，歐克秀突破傳統政治哲學的地方，就在於他捨棄哲學的最高理性與終極論證，而轉從「政治組合」的兩種模式，也就是「公民聯合體」與「事業聯合體」，來解析個人自由與現代國家的關係。

◆自由即自我彰顯

現代人不再是尋求終極歸宿的朝聖者，而是身處多元世界的冒險家。

自由選擇活動

從人類行動的理論平台來看，自由因而即是自我認識；而為了更充分地解釋道德活動的特點，歐克秀還特別創用了兩個詞彙，來表達人的自我認識能力，那就是「自我彰顯」與「自我形塑」：

一、**「自我彰顯」**：指的是行動者的「自我選擇活動」，也就是行動者藉著實質行為的履行，來回應他所處的特殊處境，從而滿足他的慾望與需求，亦即「想像與期待結果」。

二、**「自我形塑」**：牽動著行動的動機和情感，也就是在行為的履行中，努力成為自己想要成為的那種人。就此而言，「自我形塑」關係到人格或人品（characters）的樹立，重點在於學習操持德行的生活。

雖然就道德行動的條件而言，這兩種能力缺一不可，但由於「公民聯合體」的重點，主要在於思索擁有自我選擇能力的成員，如何可能在交往互動中共同承認「非工具性的規則（也就是法律）的權威」，因此「自我彰顯」和歐克秀的政治哲學關係更為密切，有待補充說明。

由上可知，對歐克秀而言，人不但是「自由行動者」，而且人類行動一定會有發生場所，也就是人與人之間經歷長期的交往互動而漸次形成的關係網絡。舉例而言，如果沒有師生關係，人就不可能有選擇當老師的自由；如果沒有戀愛關係，人就不可能有選擇談戀愛的自由。換句話說，在「自由行動者」發動行為之前，社群中早已存在著一些「更持久的關係」（more durable relationships）（OHC, 54）。

雖然這些「形式關係」（formal relationships）（OHC, 36n1）不等於行動

本身，卻是一切行動所需參照的「程序條件」（procedural conditions）（OHC, 56）或「副詞限定」（adverbial qualifications）（OHC, 55），或也可以稱為產生行動的「條件脈絡」（conditional context）或「條件規定」（conditional prescriptions）（OHC, 54, 56），也就是前述的「實踐常規」或「實踐體」。

個人主義道德

歐克秀用來界說「實踐體」的這組修辭相當抽象、複雜又嚴謹，在接下來的章節中作者將試著加入更多的例證或比喻來輔助解說。現在，必須謹記在心的是：對歐克秀而言，人不可避免地會和各式各樣的「實踐體」產生聯繫；每種「實踐體」既顯示出了參與者不同的人格身分（persona）（OHC, 57），也表達了他們殊異的慾望、想像、信念與期待。

例如：以戀人的身分追求愛情、以朋友的身分實現友誼、以伴侶的身分共組家庭、以師生的身分追求知識、以合夥人的身分謀取商業利益；以科學家的身分窮究因果法則，以史學家的身分探索過去事件，等等。換句話說，我們所置身的意義世界中存在著形形色色的「實踐體」：人際關係、身分資格、生活方式、行為傳統與探索範式，而「自由行動者」則必須藉著「自我選擇活動」來參與其中，以彰顯自我，並滿足慾望的流動。

當然，這並不是說，現代人的自我認識因而都只是「主觀的」自我獨白；持平而論，「實踐體」的存在已充分說明了相互理解的重要性（OHC, 51-54, 59）。相反，通過「自我彰顯」與「實踐體」，歐克秀所要描繪的，毋寧是現代社會的多元實況：深具反思意識的現代人不再是尋求終極歸宿的朝聖者，而是身處多元世界的冒險家，必須藉著選擇與行動來親身探索這個分歧中充滿驚奇的意義世界。

換言之，藉著將人類行動的論述重點，從追求共同目的的「終極歸宿」轉向自我實現的「行動技藝」（the art of agency）（OHC, 59ff），歐克秀想要提醒我們注意的，其實是「個體人主義道德」（the morality of individualism）已從「集體主義道德」（the morality of collectivism）之裂縫中逐漸崛起的事實，而相應於此倫理處境的到來，政治哲學家因而有其必要重新檢視由「自由行動者」所組成的「公民聯合體」的理想條件。總而言之，「公民聯合體」是一種極度重視個體價值的道德聯合體。

◆自由與實踐體

在我們書寫情詩之前，愛情就已經存在那裡了。

「自由行動者」和「實踐體」是人類活動所不可或缺的兩項條件。然而，觀諸以上討論，「實踐體」的存在似乎是早於行為發生之前。

舉例來說，當亞里斯多德、伊比鳩魯或蒙田等偉大作家在歌頌友誼的時候，某些涉及朋友關係的「實踐體」就已先行存在了；他們雋永的論著並沒有發明友誼這樣東西，只是從哲學或文學的觀點豐富了「友誼實踐體」的資源（OH, 130-131）。同理，在我們書寫情詩之前，愛情就已經存在那裡了；在我們說話之前，語言就已經為人所用了。

順著這層意思，讀者或不免質疑：「實踐體」如何可能不對個人自由造成限制呢？為了解除這個困惑，我們必須對「實踐體」的用法多做一點說明。

實踐體的特徵

按歐克秀的定義，「實踐體」基本上具有三項特徵：

一、「實踐體」是人為創造、並可經由學習而重複使用的「程序條件」：換言之，「它們具體說明了一些實用熟練的程序」，也就是和行為與陳述相關的各種不同的「考量、態度、體例、用法、觀察、習約、標準、格言、原則、規則、職務，等等」（OHC, 55）。換言之，正因為「實踐體」不是客觀的因果關係、必然的社會過程，也不僅僅是一種固定的習慣（OHC, 58），而是具有相互性、學習性與對話性的「程序條件」，所以行動者可以透過選擇與行動來參與其中，並對其意涵形成相互理解。舉例而言，不是住在隔壁的人都是「鄰居」；「鄰居」意味著雙方對於某種關係的相互理解（OHC, 57）。

二、**「實踐常規」是有關行為履行的「副詞限定」**：藉此限定，「人類活動因此可以按照某一套程序來被理解。諸如：準確地（punctually）、周到地（considerately）、公民地（civilly）、科學地（scientifically）、法律地（legally）、坦率地（candidly）、司法地（judicially）、詩意地（poetically）、道德地（morally），等等」（OHC, 55-56）。換句話說，「實踐常規」不僅包含身分資格，如夫妻、朋友、公民；生活方式，如騎士精神、運動家精神；人類組合，如工具組合、道德組合；行為範式，如下棋與球賽；同時也可適用於各種理論活動，如科學、歷史與政治哲學。而成為一位歷史學家的不二法門，舉例來說，就是參與史學的探索活動，以學習、理解、陶冶史家的技藝。

三、**「實踐常規」無法預先決定行為的履行**：正因為「實踐常規」是有關行為履行的一般性的「副詞限定」，而非針對特定行為而發的個別指令，所以「實踐常規」「只是有關行為履行的假設，也就是具體闡述當真正在進行選擇與行動時，有哪些程序條件會被帶入考量」，而未能預先「決定」或「要求」哪一項個別行為應被選擇與履行（OHC, 55-56, 58, 120）。舉例而言，棒球的「實踐常規」雖然清楚地標示出棒球和其他球類的不同，例如三振、四壞、全壘打、先發、中繼、救援、配球、布陣、調度等等，但我們只能說，每場棒球比賽的參與者都必須考量到這些「程序條件」，否則比賽根本無法進行，卻沒有人可以預先決定一場棒球比賽的內容與結果，因為不同的參賽者，在不同的具體狀況中，對於這些「程序條件」將會有不同的選擇與表現。

文明對話的邀請

這麼看來，在歐克秀的特定用法下，「實踐體」不但不是個人自由的外在阻礙，反而是個人自由的實現所不可或缺的要件。

首先，個人可以自由選擇參加各式各樣的「實踐體」來彰顯自我的慾望。例如加入棒球隊，而非讀書會。其次，人們參加同一「實踐體」的「預期與想像結果」不盡相同。例如同樣加入棒球隊，有人是為了結交朋友，有人是為了成為運動明星。最後，如前所述，棒球的「實踐常規」只是行動者在球賽進行中必須納入考量的「程序條件」，而非對其具體表現的事先限制，事實上，經驗愈是老到的教練與球員，對於棒球的「實踐常規」往往愈是熟練，並因而愈能打出一場精采的球賽。

於是在這裡我們再一次看到，語言正是「實踐體」的最佳例證：沒有語言，人根本無法「自我彰顯」與「自我形塑」，但語言的存在卻從未限定言談者該想什麼、該感受什麼、該說什麼。

不如說語言只是一種參與文明對話的「邀請」，而行動者則必須透過他們自己的「自我選擇活動」來對具體處境進行理解與回應，從而完成自我認識。

綜上所述，各種不同的「實踐體」，就好比我們可以自由選擇彈奏的不同「樂器」，雖然這些樂器總是各吹各的調，而不是在共同演奏一首已經譜寫完成的「曲調」（OHC, 58），但不論我們喜歡與否，這就是百家爭鳴的現代多元社會的真實寫照。

◆自由作為一種生活方式

自由不是商品，沒有辦法打包裝箱、傾銷全球。

閱讀至此讀者應該已經明白，對歐克秀而言：

自由即自我認識，自我認識涉及偶然流變的行動程序，而與必然恆定的自然過程無關。

自由不是一種口號、一條公式、一套原則，自由的要義在於實現。

也就是說，自由是在實踐中彰顯自我、形塑自我。如果討論自由而不觸及實踐脈絡，就好像懂得文法而不會講英文一樣，只是徒然無功。

筆者必須坦承，歐克秀的這個觀點同樣深受黑格爾的影響。也就是說，在學理上歐克秀所走的，是一條叫做黑格爾主義的路線。大抵而言，黑格爾主義的特色在於強調：人類的自由只有可能在歷史中才能獲得真正的實現；或也不妨說，自由與歷史是一體的兩面。按照這樣的理解，自由無非就是一種生活方式（a way of living）。我們也可以更明確地說：

擁有自我認識的自由能力，是人類活動最為顯著的特徵，而一位「自由行動者」的自我形象，必須「藉著他對他自己的理解來完成」。人的自我探索又無法離開已經存在的「實踐常規」，引用歐克秀的一段名言來說，人「雖有歷史，卻無本性」，若問及「他是誰？」則答案是：「他是他在活動中所成為的那個人」（He is what he in conduct becomes）。（OHC, 41; cf. VLL, 64）

自由的程序

歐克秀一再提及自由作為一種生活方式，不是獨立於行動之外而被預先設定好的某種「理想」或「夢想」；相反地，自由已經表露在「一個行為的具體履行方式之中」。換言之，自由不是什麼屠龍之劍，也不是由哲學家所發明的偉大觀念，甚至不是人生而固有的「天賦權利」。我們所享有的自由，無非就是某種約定俗成的安排（arrangements）或程序（procedures）（RP, 53-54）。在實踐哲學上，歐克秀因而反對把自由看成是上帝賦予的自然禮物，人類生而有之的超越理性，或是固定不移的人性原理；在他看來，任何有關個人自由之「基礎」的終極論證，都是「不必要的」（unnecessary）（MPME, 83-84）。

總之，對歐克秀來說，自由不是一種商品，可以打包裝箱，傾銷全球。

◆自由與歷史

這裡有薔薇，就在這裡跳舞吧！

生於歷史

最後，筆者想用黑格爾在《法哲學原理》中所提到的一則哲學寓言，來結束本章的討論：

這裡有薔薇，就在這裡跳舞吧！（Hier ist die Rose, hier tanze!）

黑格爾的這句話其實改寫自《伊索寓言》的一段故事：

據說，有一位四處遊歷的旅人，到處向人炫耀他在羅德斯島上可以跳得多遠，但由於沒有人真的去過羅德斯島，所以無法證實這位仁兄所言是否屬實。有一天當他故技重施時，一位聽眾冷不防地喊道：「把這裡當成羅德斯島，就在這裡跳吧！」（Hic Rhodus, hic saltus!）有趣的是，黑格爾刻意將「羅德斯」（Rhodus）改寫成「薔薇」（Rose），而德文的「tanze」則同時有「跳舞」和「跳」的意思。如此，便有了「這裡有薔薇，就在這裡跳舞吧！」這句話的出現。

藉此寓言，黑格爾想要表達的是：我們都是時代之子、歷史之女，沒有人可以跳出時代精神的懷抱，去獨力創造一個嶄新的世界。而呼應前文的討論，寓言中的主角顯然逾越了理性的界限，而妄稱自己擁有超凡脫俗的能力。

活在當下

歐克秀曾經引用布萊德禮（F. H. Bradley）的一句話說：「我們的世界是所有可能的世界中最美好的一個世界，在其中每樣東西都是一個必要的惡。」（RP, 82）。既然我們可以選擇一切可能的生活形式，就是不可能選擇一個不同的世界來生活，作為這個時代之子、這段歷史之女的你我，何不就在此時此刻彰顯自我，努力成為自己想要成為的那個人。在歐克秀筆下，自我雖然離不開歷史，卻絕不只是歷史的俘虜甚至傀儡；與其哲學理念相幫襯，歐克秀有關人類處境的描述，總是在深邃的意境中展露出「活在當下的人文情懷」[10]。

| 第四章 |

傳統的意義

沒有傳統，人就沒有實現自由的場所了！

在這一章，作者將對歐克秀的傳統觀念提出幾點補充說明，以便從人的條件或人的處境，來解釋「保守與激進」這組對立詞彙的意涵[11]。

◆保守：認真對待人的處境

喜愛當下的歡愉甚於烏托邦的狂喜。

在中文語境中，保守一詞通常帶有負面意涵，基本上指稱著故步自封、守舊反動、重視傳統而輕忽自由，甚或以集體輿論來壓制個人意見等等。然而，必須謹記在心的是，歐克秀自始至終都是從哲學的視野來看待傳統或較不具爭議性的「實踐體」觀念，也就是視之為人類行動所不可或缺的條件。

事實上，誠如後文將循序闡明的，對歐克秀而言，在人類真實的生活處境中，自由與傳統是共存的：如果沒有自由，人就什麼都不是了；如果沒有傳統，自由就什麼都不是了。因為傳統就是自由實現的場所。

依此，保守與激進這組語詞因而有了特殊的意涵，代表著論者對待人的處境的兩種對立態度：前者認真對待自由與傳統或理性與歷史的共生關係，後者則是努力擺脫傳統與歷史加諸於自由與理性身上的束縛。因此，在一篇名為〈論保守〉（"On Being Conservative"）的文章中，歐克秀寫道，與其說保守是一種封閉的「意識形態」，還不如說保守代表著「人類活動的某種意向」（a certain disposition of human activity），其特徵是：

> 喜愛熟悉的甚於不可知的、喜愛已被試過的甚於尚且未明的、喜愛真實的甚於虛幻的、喜愛實際存在的甚於可能發生的、喜愛有限的甚於無窮的、喜愛親暱的甚於疏遠的、喜愛充足的甚於過當的、喜愛合宜的甚於完美的、喜愛當下的歡愉甚於烏托邦的狂喜。（RP, 408）

這段引言清楚顯示，歐克秀所談論的保守是指人類行動的某種癖性，或人類生活的一種姿態：比起遙遠不可知的不確定未來，保守更喜歡熟悉的感覺。因此在保守的哲學視域中，傳統注定成為人類活動的必要條件。

換句話說，歐克秀基本上是從哲學人類學（philosophical anthropology）的立場，來剖析保守的意涵。對他而言，與保守相對立的是激進的思維態度：一種面對人的處境的烏托邦求索，而不是自由與理性的行動能力，更不是權利與正義的基本價值。也因此，縱使在歐克秀早期的著作中，傳統所起的作用和「實踐體」其實沒有太差別，其重點並不是提倡某種特定的政治立場，而是說明自由只能在行為傳統中獲得實現。

何謂「傳統」？

嚴格地講，歐克秀不是一般認知下的傳統主義的信奉者。因為根據歐克秀的定義，一如「實踐體」，傳統大致上也是指：我們生活於其中並藉著學習來認識自我的意義世界，這個世界不僅是「由情感、信念、意像、言說方式、語言、技藝、實踐和行為方式」所囤積而成的，同時也是我們行為履行時所依靠的資源。

無疑地，這些使用中（in use）的資源已歷經了很長一段時間的累積，而且透過持續的使用，它們的一些道理將在現實生活被顯現出來，有些部分甚至還會「重複地投資到」原來的資源中，成為傳統生生不息、綿延不絕的要素（RP, 187）。換言之，歐克秀筆下人與傳統的關係，同樣是偶然流變，而非決定論或因果關係所可正確掌握的。

雖說如此，相對於「實踐體」，傳統一詞確實比較容易招致誤解。簡單地說，傳統最常遭人詬病的地方，就是主張傳統優先於個人。例如：辯護某些傳統價值的至高性，或是宣稱某些傳統價值應獲得無條件的「服從」（Franco, 2004: 150）。不過，且讓作者再次強調，歐克秀之所以如此重視傳統，絕不是為了壓抑個人自由；恰恰相反，他的哲學用意是為了清楚描述以個體性（individuality）為核心的現代倫理處境，否則他就不必投入畢生心血，從自由的角度來重新構思社會與國家的條件。

就這點來看，不管是在前期還是後期的著作中，與其說歐克秀談論傳統的重點，是在提倡一種至高無上的傳統權威或共同目的，不如說他的本意是想從真實的人類處境，來持平看待理性與傳統或自由與歷史的關係。

以「實踐體」取代「傳統」

因此，在《論人類行動》中，歐克秀挑明地說，個體與「實踐體」的關係，純粹只是一種「形式的，而非實質的關係」；「實踐常規」作為一種「副詞限定」，並不涉及一位「自由行動者」的言行舉止的實質內容，而僅僅是行動者在進行「自我選擇活動」時所必須參照的言說形態與行為模式。

換言之，歐克秀以「實踐體」取代傳統的主要考量，是為了避開傳統在語意上的混淆，從而能以更傳神的方式來呈現「個人主義道德」轄下自由選擇的意義：在一個知識開放與價值多元的社會中，個人可以置身在百家爭鳴、百花齊放的「實踐常規」中來彰顯自己的人生、形塑自己的角色。也因此，在後期的著作中，歐克秀刻意區別「服從」（obeyed）與「接受」（subscribed to）的差別（OHC, 58）：我們是自主接受而非被迫服從不同的「實踐常規」。

◆激進：努力超脫人的處境

喜愛完美的甚於合宜的。

歐克秀並不否認，源自中世紀的「集體主義道德」仍然活躍於現代世界，並和產生自近代哲學的「理性主義」緊密結合，從而形成對「個人主義道德」及其法治理想的嚴峻挑戰。

羅德斯島的旅人

持平而論，貫穿《政治中的理性主義》的一條中心線索，即是在回應此一挑戰；對此，稍後將有更多討論。現在，我們必須指明的是，歐克秀同樣是立足於哲學的維度來界定「激進」的意涵，也就是說相對於「保守」而言，「激進」基本上是指嘗試脫離傳統與歷史，而完全依據抽象理性或普遍法則來思索人的條件的思維傾向。借伊索寓言的例子來說明，那位誇大自己可以在羅德斯島跳得很遠的旅人，就是歐克秀心中典型的激進主義者。

讓我們更進一步看，正由於在人的條件上，激進主義者傾向於將人從歷史脈絡與行為傳統中抽離出來，所以，他們顯露的思維特質包括：

一、**在哲學方法上**：追隨柏拉圖主義（Platonism）的足跡，試圖尋求絕對真理與完美至善來統一知識與信念的分歧。

二、**在知識論上**：成為科學至上主義（scientism）的信徒，認為科學是人類唯一合法的知識形態，其他知識如果想要具有客觀效力，就應該以科學知識為圭臬。

三、**在道德思辨上**：懷抱普遍主義（moral universalism）的理想，致力於建構全人類一體適用的道德原則，例如自然權利、無上命令或人性原理。

四、**在政治議題上**：掉入歐克秀所稱的政治理性主義（political rationalism）的圈套中，希望藉由永不出錯的理性原則，來為政治權威提供終極論證，從而正確引導政治行動的進行。

如前所述，本書基本上是立足在兩個對立的思想傳統中，來烘托歐克秀哲學志業的特色；而這裡接連使用的幾個專業詞彙——柏拉圖主義、科學至上主義、道德普遍主義與政治理性主義——無疑正是歐克秀所反對的主流哲學風潮。易言之，沿著歐克秀的思緒，真正對個人自由造成威脅的，其實不是「實踐體」或傳統，而是理性的誤用與越界，也就是超出人的真實處境，擁抱激進的空想，試圖藉由哲學（和科學）的最高權威，來預先規劃一個「四海皆準」的道德願景、一個「百世不惑」的政治藍圖。

巴比倫通天塔

對此，歐克秀曾以《舊約聖經》〈創世紀〉所記載的「巴別塔」或「巴比倫通天塔」（The Tower of Bebel）故事予以嘲諷。

這個故事是說，有一群說相同語言的人，在大洪水之後決定建造一座城市和一座通天的高塔。上帝見此情形，覺得必須加以制止，否則以後人類將為所欲為，不知節制；於是，上帝便出手打亂了這群人的語言，讓他們喪失彼此溝通的能力，並將他們分散到世界各地。由於人們再也不能以共同語言進行溝通，「巴別塔」的建造工程於是中斷，並逐漸荒蕪，終成廢墟。

從這個故事，我們可以更清楚地知道，為何歐克秀會不厭其煩地使用語言的譬喻來闡釋人的條件，甚至將道德比喻成「在地性的日常用語」。

對歐克秀而言，一個社會的存在當然需要有權威與秩序，尤其是道德權威與道德秩序，但基於內在觀點與自主判斷，他同時堅信，合理的道德權威與道德秩序，不應屈從於任何形式的外部力量，這只會對個人的「自我選擇活動」造成威脅。相反地，從前面的討論我們可以知道，如果道德就像語言，實際上只是一種日常性的「實踐體」或一般性的「程序條件」，那麼遵守道德權威，就好比是依循熟悉的語感來說話，並不會壓縮個人自主的選擇與判斷。

這麼說來，歐克秀對於自由與「實踐體」的探索，無非是為了替個人自由與道德權威（以及法律義務）的相容性預留伏筆。承接歐克秀有關人的條件的基本思緒，我們接下來的討論重點因而在於闡明：若從個體性出發，則社會的條件，並不在於追求最高權威或確立集體價值，而是指向「自由行動者」對於合理的道德權威的真誠信服。

承繼上一點，我們並不需要訴諸柏拉圖主義或科學至上主義，來為最高權威與集體目標背書。我們真正需要的是十分「單薄的條件」，那就是：行動者對於內在於「道德實踐體」自身的合理權威的承認，也就是對於一套「非工具性的程序條件」的接受。

| 第五章 |

權威的難題

在放縱與宰制之間

在這個章節，我們將從人的條件轉向探索社會的條件：權威與道德。

◆個人與社會

人群中沒有偉人，社會本身沒有價值。

伴隨著一個知識開放與價值分歧的新世界的來臨，現代道德與政治哲學的主要任務，於是被導向思索在眾神林立、眾聲喧譁的多元社會中，公共生活秩序如何可能的問題。值得一提的是，身為自由的熱愛者，歐克秀其實謹慎地使用社會這個字眼。

社會概念的誤用

如前所述，對他而言，當代心理學所談論的社會過程、當代社會學所講述的社會化，乃至於我們時常聽聞的社會學習與集體認知等，嚴格地講，都是「誤用的表達」，因為這些想法實質上包藏著集體觀念，勢必對個人自由造成潛在威脅。也因此，歐克秀說：「所謂的社會遺產（傳統）是人類理解的積累。」意思是經由「無數個體」（numberless individuals）在「多樣的個別實踐體」（a multiplicity of particular practices）中持續彰顯與表述，所獲致的有關權宜與道德活動的「一種集合成就，而非集體成就」（a collected, not a “collective” achievement）。

比如說誠實作為一種美德傳統，並非由一個人造成，也不應是社會用來規訓個人的工具，而是由眾多認同此想法的先人，花費漫長時間累積而成的行為範式。如前所述，如果沒有這些行為範式，我們根本不知道誠實是什麼，更別說要去實現誠實的美德；然而，一個人是否想要形塑誠實的人格，卻只能藉著自己的意願與能力來完成。歐克秀因此直言：「人群中沒有堪稱道德或智慧的偉人，社會本身沒有道德或知識價值。」（OHC, 86-87）

這再次顯示，歐克秀雖然重視歷史與傳統，卻從未擁抱社會價值，或執意將集體目標放在個人選擇前面。因此，他緊接著補充指出，光是多種多樣的「實踐體」的存在，其實還無法構成社會或社群。價值的根源在於個人，因此真正的「社會性」（the social），取決於擁有反思意識的個體成員對於各種特殊的「實踐體」的認識與享有（OHC, 87）。換句話說，社會的條件不是由社會價值與社會目標決定，而是呈現在成員對於形形色色的「實踐體」的持續參與。

從這個角度來看，「公民聯合體」（civil association; *societas*）或許是最能彰顯「社會性」的一種人類組合。因為「公民聯合體」對於「社會性」或「公共性」的理解重點，恰恰不是在於追求一個實質的共同目的，而是定錨在成員對於「公民聯合體」作為一種「道德實踐體」的條件的共同理解，也就是對於「非工具性的法律」所組成的公共關懷的權威之承認（OHC, 88）。

社會性＝實踐性

歐克秀所謂的「社會性」其實就是「實踐性」（the practical），亦即個人的行動能力（agency）的施展，也就是行動者在社會生活常規中的「自我彰顯」與「自我形塑」。

在此理解下，「社會性」與「實踐性」因而與「自由行動者」的「自我選擇活動」相互扣連、無法切割。然而，這並無意否認社會生活終究需要秩序，而秩序則有賴權威的維繫。從歐克秀採取的詮釋架構來看，有關社會秩序的建立，基本上有兩種對立的哲學範式：

一、從外在觀點來確立「事業聯合體」所追逐的社會價值或社會目標的最高權威。

二、從內在觀點來說明「公民聯合體」作為一種與個人自由相契合的「道德實踐體」的合理權威。

無疑地，外在觀點的源頭可以追溯到柏拉圖及其追隨者，在當代則有科學至上主義為之撐腰，而內在觀點，即是歐克秀的學思重心所在。

◆內在權威

語言的權威不在於文法課本，而在於使用方式。

讓我們更進一步看，根據內在觀點，權威是指大家心悅誠服接受與遵行的合理規範。至於形成合理權威的必要條件，則是來自行動者對於「實踐體」的「程序條件」的共同承認（common recognition）。

如果說語言是一種「實踐體」，那麼語言的語感與語法就是通過時間考驗的「程序條件」，而它們獲得行動者接受與遵行的事實，恰恰表示它們具備某種合理權威（cf. OHC, 56）。換言之，語言的權威不在於文法課本，而在於使用方式；當言談者實際使用某種語言時，他們「已在心智上同意接受」內在於語言本身的「用法或規則」（uses or rules）（OHC, 121）。舉例來說，一位英文的母語使用者，通常不會在話說到一半的時候，突然去質問：為何女性的她是「she」而不是「he」？為何現在簡單式的第三人稱單數，動詞要加「s」？而在中文語境中長大的我們，也無須先讀熟中文文法，再來思考與長輩交談時該怎麼說話才算應對得體。

對歐克秀而言，一個自由社會的自主秩序，就在於擁有自由選擇能力的成員，對於「道德實踐體」或道德語言的合理權威的共同承認。就像接下來章節將指出的，這點對於我們正確理解歐克秀的「公民聯合體」理論來說極為關鍵。

◆外在權威

如果大學存在的目的只是為了學生就業，那麼大學就跟職業訓練所沒有兩樣。

依據外在觀點，一個社會的理想秩序必須建立在某種社會目標或社會價值的最高權威之上。這裡有兩項必須特別說明的關鍵要點：

一、這個社會目標是外在於個人的「自我選擇活動」而被預先設定好的一種權威。

二、此一外在權威是經過某種最高理性所確認的。例如：哲學理性的終極論證或科學理性的客觀檢驗，所以應當成為所有人的行動指引與價值依歸。

社會目標

我們不妨先藉由一個簡單的例子來說明社會目標的外在性。

舉例來說，一位英文老師可能擁有某種權威，強制要求學生每天背誦二十頁的文法課本，而當學生追問老師理由時，我們時常聽到的回答，不外乎是：「這是為了幫助你考上理想的大學。」又假定這所理想的大學，決定將英文列為必修課程，那麼這種「為了你好」的邏輯，又往往發展為：「這是為了方便你未來就業。」再假設這位學生讀的剛好是不易就業的哲學系，所以他便忍不住繼續追問工作的目的，這時，學校所給的制式答案，通常是：「工作是為了增進社會福祉」、「為了提高國家競爭力」。

這邊值得注意的是，歐克秀反對的並不是目的與價值本身。個人當然可以為了找到自己屬意的工作，努力讀書考取好的大學。事實上，在前面的章節已經反覆指出，對歐克秀而言，正因為目的與價值對於個人的「自我彰顯」與「自我形塑」而言太過重要，所以應該留給行動者自己去做自主的選擇與安排。

最高理性

因此，較嚴謹地說，歐克秀所質疑的是外在權威的觀點，也就是預先設定好某種特定的社會目標或集體價值，再由所謂的客觀理性來確認此一社會目標或集體價值的最高權威。在這個基調上，如果我們再把國家的條件加進來，以實現共同目的為號召的「目的政體」或「事業聯合體」，於是順理成了現代國家的一種主導理念；而在「目的政體」思維昌盛的社會中，個人的自由選擇勢將受到嚴重的威脅，因為國家只要搬出：「這一切都是為了人民福祉！」的口號，就可以輕易地正當化權力集中與全面支配的現象。

換句話說，正如當代「右翼自由主義」的支持者，例如海耶克（F. H. Hayek, 1899-1922）與諾錫克（Robert Nozick, 1938-2002），歐克秀批評「目的政體」或「事業聯合體」的著眼點，主要在於提醒我們注意：倘使一個社會孤注一擲地追求某一實質的共同目的，其後果時常是對個人自由造成不當的限制。

事實上，以大學教育政策而言，將學習與教育的目的看成是為了學生就業、為了社會福祉、為了國家利益，正是台灣當前的處境。大學這座萬神殿，如今已淪為技術統治的禁臠。各種號稱科學、客觀的績效評鑑已經喧賓奪主地掩蓋過了大學的內在目的與自主精神；於是，大學排名取代了大學之道，就業取向頓時成為學生選系選課的唯一目標，而近年來ＫＰＩ（Key Performance Indicators）績效管理指標的採用，更是讓大學坐實了官僚化之名，因為官僚體制的最大特點，就是「沒事找事做」。

目前，大學教育正面臨嚴重異化的窘境。我們原本想要根據一所好大學的特徵制訂種種ＫＰＩ，但卻反過來使所有大學變成只追求達到ＫＰＩ的績效要求，而忽略了良好教育與追求知識的本質。

若用歐克秀的術語來說，ＫＰＩ即是「外在的」、具有特定目標導向的規定。然而，如果大學存在的目的，只是為了學生就業，那麼大學就跟職業訓練所沒有兩樣。如果大學發展的目標，只是為了爭取更多的經費收入，那麼大學之間的競爭就跟百貨公司的促銷沒有差別。如此，推至其極，人類活動形形色色的內在目的或將日形隱晦，甚至到頭來將被一個最容易為國家權力操控的集體目標所代取，那就是：經濟效益。

◆理論的魔術師

哲學就是哲學，不是百科全書。

再讓我們進一步探討，一個社會的集體目標的可怕之處，在於它們背後通常還有理性權威的背書（以及國家權力的支撐）。

在前文中，我們提到了幾個專有名詞：柏拉圖主義、科學至上主義、道德普遍主義，以及政治理性主義。現在，為了說明社會目標的最高權威的理性基礎，我們不妨先來談談前面兩個概念：柏拉圖主義和科學至上主義。

柏拉圖主義

首先，從哲學史的角度來說，柏拉圖主義是指西方哲學從柏拉圖以來便戮力於追求絕對真理與完美至善的自我形象。在《理想國》中，柏拉圖曾經講過一個著名的「洞穴之喻」，深深影響了後來西方哲學的歷史走向。

「洞穴之喻」的大意是說：

欠缺教育的人類就好比住在一個地底的洞穴中。雖然這個洞穴的出口對向外面，但由於這群人的身體手腳都被鐵鍊綁住動也不能動，所以他們壓根兒不曉得外面世界的存在。不僅如此，他們身後還燒著一堆火，這些囚犯只能從火光投射到洞穴的牆壁上，看到自己與同伴的影子。他們從小成長於斯，因此一直以為他們看到的影像就是真實的世界。

有一天，如果有人從鐵鍊中掙脫出來，剛開始一定會覺得痛苦難受，但當他慢慢適應新的環境而轉身看到火堆時，他馬上就會恍然大悟：原來以前看到的都是幻象！而如果他還能忍住身體的痛苦與陡峭的斜坡，繼續掙扎爬出洞口，那麼他將頓然發現，外面那個別有洞天的世界，並逐漸習慣世界上的景物，星星、月亮，乃至燦爛的陽光。

柏拉圖的這個比喻，無疑是在說明人從無知邁向知性世界的學習旅程；他相信，只要經過不斷的努力，至善一定會出現。換言之，人只要能夠善用理性，克制自己的慾望與感官，他的靈魂就一定可以「持續上達，以臻於善」。他說：

> 一個人僅能藉理性去開始發現絕對，不能求助於感官，及至鍥而不捨，終於僅賴純粹的知性，得以洞見絕對的善，這時候，他就到達了知性世界的終極，就如同視覺之到達可見世界的終極一樣。（Plato, 532a）

更重要的是，在柏拉圖看來，社會就應該交給能夠認識至善的人來管理。所以人群中若有人掙脫枷鎖，親眼見識永恆的太陽之光，那麼他一定要回到洞穴裡教育其他的囚犯，讓他們分享至善的光澤。這就是著名的「洞穴之喻」。

理性部落

然而，為了彰顯多元差異、內在觀點與自主判斷的論點，歐克秀的哲學理念是自我限制的。對他而言，不但永恆真理是哲學家永遠到達不了的境界，而且哲學的目的也不在於改變世界。

在《論人類行動》中，歐克秀對「洞穴之喻」做了如下的評述：

> 找到太陽的哲學家其實無須重返洞穴，因為哲學家對於洞穴內事物的理解不見得會比居民來得高竿，居民甚至有權可以說這個自稱知道至善的哲學家皇帝，其實是一個「騙子」（imposter）。（OHC, 27-31）

換言之，正如和他同時代的其他知名作家，如鄂蘭（Hannah Arendt, 1906-1975）或柏林（Isaiah Berlin, 1909-1997），歐克秀也極力反對「永恆哲學」的理念，試圖將外在的、定於一尊的哲學權威過渡到日常生活中，作為實踐活動的理性基礎。在歐克秀看來，哲學和實踐（單數形式）就像兩個生活習俗截然不同的理性部落，彼此雖然可以平等的相互往來，卻不應讓哲學理性的外部權威凌駕於實踐理性的自主判斷。總而言之，以為哲學知識可以使得政治生活變得更好的觀點，形同於把理論家視為「理論魔術師」（theoretician）。

就讓我們引述他早年的這段話，來總結這一節：

> 對於普遍知識的無所區別之探索最多只不過是一種浪漫的執著。……但是像這樣的博學之士（the savant）根本就不是哲學家；在哲學家與這種啟蒙哲人（the philosophe）之間幾乎是毫無共通之處可言。（EM, 1）

◆知識與價值的仲裁者

科學理性只能規範科學活動，並非無所不能。

科學至上主義

從上一節的引文看來，柏拉圖主義依然盛行於現代世界，而其中最主要的變形就是科學至上主義，也就是企圖以禁得起哲學驗證的客觀的科學理性，取代至善或上帝，作為一切知識與社會價值的準繩。

的確，按照韋伯（Max Weber, 1864-1920）的說法，現代社會是一個透過理性來卸除上帝神魅的眾神林立的新世界。然而，當一個社會的主流文化不但以科學作為所有知識、才能與價值的單一標準，甚至透過各種符合科學之名的技術與方法來充當社會控制與政治治理的唯一理據，那麼這種「凡事為科學是問」的技術統治，就搖身變成了一種新的神魅，成為現代社會中不容挑戰的最高權威。

事實上，正是在科學至上主義的侵襲下，當代社會科學研究的嚴重迷思之一，就是混淆了「歷史程序」與「自然過程」的範疇差異，投注大量心力與龐大資源在探索客觀中立的政治系統、社會過程或心理機制。

支持這種「全能科學」（all-purpose "sciences"）（cf. OHC, 20-25）的一個有力理由是：只要我們能為社會生活找到具有經驗內涵與因果通則的科學知識，我就可以藉著這些客觀法則，來有效解決我們所面臨的社會問題。就這點來說，「重科學而輕人文」、「重數據而輕思辨」的現象，就好比大學的市場化與商品化，其實都是一種社會的集體認知，一種文化意識形態。而這樣的後果則是築起了一道無形的高牆，阻擋了個人追求哲學、歷史與文藝知識的自由。

從這角度來看，現代社會中理性的誤用與越界情形，以科學至上主義最稱嚴重。

歐克秀認為科學理性固然重要，科學知識固然珍貴，但科學理性只有在科學研究中才能生效，科學知識的權威也只存在於科學實踐之中，一旦離開了科學活動，科學家對於道德、政治、美學、藝術、歷史、教育等活動的見解，未必具有高於常人的權威。如果我們貿然使用科學理性來衡量一切知識與社會價值，這就如同是在棒球比賽中採用足球規則，注定觸犯範疇的錯誤。

更進一步說：如果我們未能審慎思索「過程」與「程序」的差異，以及決定論的因果世界與偶然性的行動世界的不同，貿然地將一些連科學探索可能都還沒有辦法完全確認的經驗知識帶進政治領域中，並以國家不容質疑的最高權威與強制權力作為後盾，讓這些既不科學、又非道德的偽知識，成為一種政治教條，甚至是一套意識形態，這不僅將有可能對人類文明帶來難以想像的浩劫，甚至將完全吞噬人性的尊嚴與價值。

舉例而言，十九世紀末的種族優越論就是建立在人種的差異必然影響人的心智道德與知識能力的論調上，但此一體質人類學的偽知識，實際上從未獲得科學探索的充分驗證。結果，在政治權力與「科學迷思」的結合下，希特勒與納粹黨根據種族優越論所發動的種族滅絕與大屠殺，其殘暴與湮滅人性的程度，比起中古的「黑暗時代」，恐怕是有過之而無不及。

總之，歐克秀批評科學至上主義的矛頭，並不是指向科學知識本身，而是對準以政治或其他社會力量來將科學神魅化的那種文化意識形態。

「典範」的不可共量性

相對於科學至上主義或科學萬能論，晚近不少人文與社會科學研究者，因而傾向於批判性地接受孔恩（Thomas Kuhn）在其名著《科學革命的結構》（*The Structure of Scientific Revolution*）中所提出的「典範」概念。

根據孔恩的說法，科學研究離不開特定的科學典範，因為典範提供了科學家從事研究的理論背景、問題意識、解答技巧與知識判準等內在觀點。例如，在愛因斯坦物理學典範中從事研究的科學家，和習慣在牛頓物理學典範中工作的科學家，便有著截然不同的研究信念。科學知識不但只能在同一典範中有效積累，而且不同的科學典範之間具有「不可共量性」（incommensurability），無法共同使用一套普遍的理性標準，因為典範的改變就像一場政治革命，將徹底扭轉原有典範的知識觀與世界觀。

持平而論，關於科學活動的脈絡承載問題，歐克秀的看法與孔恩頗為類似。例如，他曾說：

人只有在已經成為科學家之後，才有能力提出科學的假設，也就是說，假設並不是一個可以指導科學研究的獨立發明，而是從既存的科學研究傳統被抽取出來的一個依存性預設。而且，即便科學假設已經照此方式而被建構起來，它也無法有效充當一個研究上的指南，除非它被持續地引用到它所被抽取出來的那個科學研究傳統中。（RP, 51-2; cf. 120, 123）

根據這段話，若借用孔恩的論點來說，則歐克秀大致上會同意：各種不同的理解平台，宛如彼此之間具有「不可共量性」的研究典範。

雖然這並不意味著歷史、科學、神學、美學等知識觀點無法進行相互對話，但哲學探索的重點，並不是要論斷各種知識觀點的高低優劣，而是確保它們能在人類對話中傳達出各種獨特與自主的聲音，以免文明在一元論浪潮的衝擊下，變得單調、枯燥、乏味。也因此，在晚年的《論人類行動》一書中，歐克秀不僅更加強調偏重因果法則的「過程」與涉及意義世界的「程序」之間在「探索秩序」上的差別，並致力於搭建不同理論工具之間的對話舞台，讓政治哲學與政治思想史的研究視域相互融通，從而擴大我們認識西方現代國家理念的深度與廣度。

綜上所述，面對權威的難題，歐克秀基本上試圖在放縱與支配之間求取平衡。他對於外在觀點的批判，基本上可以被理解成是基於自由的不可妥協性，而對理性的越界及其不當支配所進行的哲學批判。對歐克秀而言，自由誠然可貴，卻不應淪為一種為所欲為的放縱；相反地，從語言所表徵的人的處境來看，自由既然離不開傳統，也就必須接受傳統的言說方式或程序條件的內在權威之合理約束。這些都顯示了歐克秀的哲學理念，同時兼具顛覆與守成的面向。

| 第六章 |

道德的難題

在邪惡與至善之間

閱讀至此，我們現在可以將目光轉移到一個自由社會的自主秩序，也就是求索「道德實踐體」的合理權威（OHC, 88）。

事實上，對歐克秀而言，一個社會最合理的內在權威，即是我們一般通稱的道德。從個體性的角度切入，個人的「自我選擇活動」不但涉及社會性與實踐性的彰顯，而且離不開道德性的考量。社會性、實踐性與道德性具有三位一體的關係。當然，這樣理解下的道德，有其特殊的哲學內涵，必須詳加探索。

簡單地說，沿著內在觀點的思路，歐克秀的道德觀念具有三項特點：「無目的性」（或「非工具性」）、「一般性」與「語言性」。

◆非工具性

道德活動是不求任何外在目的而僅只去做應該做的事。

人類活動的分類

依據歐克秀的分類，若就普遍性與廣泛性而言，人類活動最常見的兩種「實踐體」類型，便是權宜的（prudential）與道德的（moral）（cf. OHC, 59）：

一、**權宜考量**：指行動者通過「自我彰顯」而對處境進行反思、回應與解釋，以尋求實質慾望的滿足，因此權宜的活動必然涉及「工具性的實踐體」（instrumental practices）。

二、**道德考量**：是「權宜考量」的反義詞，代表著人類對話中「非工具性的聲音」、人際關係中「非工具性的實踐體」（non-instrumental practices）。

在前面的章節曾再三強調，歐克秀的行動哲學雖然質疑社會的集體價值或國家的共同目的，但這絕不等於說他反對個人對於目的與價值的追逐。事實上，從「自我彰顯」就不難看出，歐克秀對於行動者透過「自我選擇活動」來探索不同知識與追求多元價值的高度重視。因此，持平而論，藉著權宜與道德的區辨，歐克秀並無意貶抑權宜思辨在個人經營日常生活上的重要性，也不是想要高舉道德大旗來壓抑個人的慾望與情感。相反地，他真正想要帶領讀者一起思索的問題是：

既然在現代多元社會中每個人對於人生計畫的權宜考量皆不相同，在什麼條件下他們可以共同組成一個具有道德性質的政治組合，從而確保個人自由能夠在大家共同承認的公共權威中獲得最大限度的實現空間。

無庸置疑，「公民聯合體」就是歐克秀給出的答案。而為了替「公民聯合體」的討論預留伏筆，我們在這邊必須先說明「工具性的實踐體」和「非工具性的實踐體」的區別及其關係。

實踐體的分類

一、工具性的實踐體：

在歐克秀的思想脈絡中，各式各樣的「工具性的實踐體」實即個人彰顯其變化萬千的想法與慾望之場所；換言之，行動者的「想像與預期結果」必須通過加入形形色色的「工具性的實踐體」始能獲得滿足，例如：西洋棋社、棒球隊、讀書會、俱樂部、社團、大學……等等。

二、**非工具性的實踐體**：雖然如此，一個無可迴避的事實是，任何文明社會，除了這些無數的「工具性的實踐體」之外，同時還會發展出一種「非工具性的實踐體」，也就是一個自由社會的自主秩序所依賴的「道德實踐體」。

相對於「工具性的實踐體」，「非工具性的實踐體」或「道德實踐體」的最大特徵就是：道德行為的履行既不是為了利益或好處（advantages），也「不帶有任何外在目的」（without any extrinsic purpose）（OHC, 60, 62, 160）。一言以蔽之，道德活動就是不為任何實質慾望之滿足或外在目的之追求，而僅只去做一個人應該做的事。依此，較公允地說，透過權宜與道德的對比，歐克秀真正想要表達的是，此二者雖然具有範疇差異，卻同時存在人類活動中。

此處不妨以網球為例來做進一步觀察：

先從權宜的角度來看，網球無疑是行動者從多種球類中自由選擇出來的一種活動，而行動者之所以選擇網球的目的可能相當分歧：鍛鍊體魄、培養團隊合作能力、超越自我體能限制、展現美妙球技、實現運動家精神、成為職業選手，等等。

不僅如此，就像所有的球類比賽，網球作為一個「實踐體」有它獨特的技巧、策略、經驗、判斷、規則等，而這些都是和贏球有關的權宜考量。相對於此，若從道德的角度來看，則所有的人類活動同時關係著一些不帶任何外在目的而應該去做的事，例如不應注射禁藥來提高體能、不應故意放水打假球、不應簽賭獲得非法利益等等。

從這個角度來看，權宜和道德固然具有範疇差異。換言之，評估一場「精采的比賽」和斷定一場「道德的比賽」的標準顯然是不同的：一場小學生的網球比賽可能不精采卻「乾乾淨淨」，一場職業的網球比賽可能很精采卻「黑幕重重」。但無可否認地，在許多時候權宜和道德可以相安無事地共存在人類活動中：一場技藝高超又無道德瑕疵的比賽。

人類組合的分類

根據上述的討論，我們或許也不妨說，人的集合大體上可以區分成「交易聯合體」或「目的聯合體」（transactional or purposive association）與「道德聯合體」（moral association）兩種形態：

一、**交易聯合體（或「目的聯合體」）**：在這裡，行動者有時是藉著交易行為，來追求個人利益的滿足（如買賣行為）；有時則是以志同道合的身分，透過相互切磋，獲取共同的實質慾望的滿足（如共組一支棒球隊）。但不管如何，「目的聯合體」的基本特徵就是：「權宜的」、「工具性的」、「依存的」、「可以隨時終止的」（HC, 131-

135）。

二、道德聯合體：和「交易聯合體」相較，「道德聯合體」則是「非工具性的」、「沒有任何外在目的的」、「自主的」，而且是「延續性的」、「無法隨時終止的」。舉例而言，每場球賽的精采程度各不相同，沒有兩場比賽的內容是一模一樣的；但一個社群的成員所共享的道德觀念與倫理意識，不會隨著任何一場球賽的結束而終止。

效益論與目的論

由此觀之，歐克秀對於道德的「非工具性」特徵的理解，顯然與道德哲學中盛行的效益論（utilitarianism）與目的論（teleology）觀點大相逕庭。簡單地說，效益論者通常認為人性有追逐快樂、避免痛苦的傾向，而社會的組成則是為了促進整體的快樂與福祉，因此道德的評判標準必須依據「最大多數人的最大幸福」原則。

雖然效益論者因而也和古典的目的論者一樣，試圖追求達成共同目的（the common good），但其真正重視的是如何把最大幸福當作一種共同目的。至於目的論者，如亞里斯多德，則是更加強調以人類卓絕（human excellence）或人性完善（perfection）作為人類道德生活的最高至善。然而，在歐克秀看來，「道德關注行動的好壞，而非行為履行的後果」；「道德關係不是為了達成一個共同目的的聯合體（例如成員的最大幸福）」，道德也不是促進人類福祉或追求最高價值的工具，道德只是對實現慾望滿足的「非工具性的程序條件」之權威的承認與接受（OHC, 62, cf., 80）。

康德與黑格爾

從前文我們可以看出：類似康德，歐克秀也認為，道德是不涉及任何外在權宜考量的活動。

舉例而言，我之所以不應該說謊，並不是為了討好別人、沽名釣譽，或爭取利益等，而純粹只是因為從道德考量來說，不說謊這件事本身即是我們應該去做的事。例如，我們可以基於牟取厚利的個人目的拚命研發新科技，也可以基於為人類謀求福祉的個人理想從事科學基礎研究，但不用騙術來牟利或不用假資料來撰寫報告，卻是我們隨時都應遵循的道德規範。

不僅如此，我們之所以應該遵循道德規範的理由，和我們試圖牟取厚利的權宜考量或謀求人類福祉的目的考量，應該予以分別看待，否則道德便將頓失自主性，而淪為權宜的計算或目的的侍女。因此，縱使我們時常說「誠實為上策」，但道德與權宜的區別就在於，我們不會因為誠實而沒有得到預期的好處，就受到自己良心或他人的譴責（OHC, 60）。

再則，也和康德一樣，道德的「非工具性」並無意剷除人類對於德行與共同目的的追求。在歐克秀的道德哲學中，德行問題主要涉及「自我形塑」，關於這點，容後再述。

從前文所舉的例證，我們實不難看出，權宜與道德的並存，並不排除人們對於實質的共同目的的追求。例如共組棒球隊或橋藝社，以提高成員的團結感與向心力。重點在於：於歐克秀而言，在一個真正崇尚法治的「公民聯合體」

中，將人生目標殊異的公民群體聯繫起來的公共性、權威性與道德性，不能是基於實質的共同目的，而只能依據成員對於公共事務的程序規則（亦即法律）的權威之共同承認。因為任何實質的共同目的的設定，都帶著「集體主義道德」的遺風並因而有干涉個人自由之虞，與此相反，有關程序規則的權威之承認，則是緊密聯繫著「個人主義道德」的理想。

隨著接下來的章節進行，我們將可逐漸明白歐克秀另闢蹊徑探索「道德實踐體」的用心良苦：原來經由歐克秀所重建的「公民聯合體」理論，在性質上最符合於「道德實踐體」的「非工具性」、「一般性」與「語言性」等特點，並因此是和個人自由最相容的一種政治組合。

不過，與康德明顯不同而更接近黑格爾的是，歐克秀並未接受康德有關「道德自律性」（moral autonomy）的說法（OHC, 79），以為理性可以脫離經驗世界來進行自我立法。相反，對歐克秀來說，人的自由就只能具體表現在歷史經驗中，因此道德不但是「非工具性的」，而且涉及我們在實際活動中對於

「道德實踐體」的「程序條件」或「副詞限定」的遵循與承認。合而論之，道德活動就是「道德行動者」在一套「非工具性的程序條件」或「非工具性的副詞限定」中的「自我彰顯」與「自我形塑」；「道德語言是一種合宜或正當的語言而不是權宜的語言」（OHC, 80）。

◆一般性

道德實踐是所有實踐的實踐。

倫理生活

與其說歐克秀把諸如「不應說謊」這類陳述當作一種去脈絡、非歷史的普遍道德律令，不如說對他而言道德活動必定是一種內在於社群的倫理生活形式。

也就是說，和前面談過的「實踐體」的特性無所差別，「道德實踐體」也是一種已經存在、人為創造、偶然流變的「程序條件」或「副詞限定」，只是和「工具性的實踐體」截然不同，「道德實踐體」不但具備「無目的性」或「非工具性」的特點，而且帶有「一般性」的特質。在此引用歐克秀一段洗鍊的陳述來說明：

> 道德行動是相互關聯的行動者對於某種實踐體的權威之承認，由於此一實踐體的組成條件具有一般性，因此剛好給了它自己一個類別名稱（a generic name），實踐：亦即道德（morality, mos）。道德是行動「藝術中的藝術」；所有實踐的實踐；無法再進一步闡明其特殊目的的行動之實踐。
>
> （OHC, 60; cf. 88）

雖然權宜考量和道德考量同時存在人類活動中，但不像前者通常有著實質的特定目標等待完成，並因而體現出人們多元分歧的想法與期待。後者的「無目的性」，恰恰使得它具有適用於所有行動的「一般性」。例如，我們加入棒球社和象棋社的目的誠然不同，但「不應說謊」顯然不是只針對某一特定類型的行為而言，而是針對所有行為樣態而發的，因此不論是打球或下棋，我們彼此都應「以誠相待」。

實踐性＝道德性

由此觀之，在一個自由社會中，不但正確理解下的「社會性」就是個體的「實踐性」，也就是行動者從事「自我彰顯」與「自我形塑」的行動能力（agency）之自由展現，而且個體的「實踐性」必然涉及「道德性」：「沒有行動能力不是對道德實踐體的確認，沒有道德活動不是行動能力的運用。」（OHC, 63）換言之，人類行動離不開「道德實踐體」，若從「自我彰顯」的角度來看，則道德行動因而意味著彼此進行交往互動的行動者，在選擇與追求自己慾望滿足的程序中，對於「非工具性的程序條件」的承認與接受（OHC, 62, 70, 74, 76）。

這也是為什麼歐克秀對於道德的理解，雖然帶有濃厚的社群氣味，卻未袒護任何實質的集體目標；雖然重視既有的行為傳統，但在「道德實踐體」中個人自由與道德權威並不相齟齬。因為道德是不求任何外在目標而去做應該做的事，所以在道德思辨中，個人的自由意志並不受權宜考量的牽制。又由於「道德實踐體」作為「非工具性的副詞限定」，既沒有規定或決定具體的行為內容，也未預先設定實質的共同目的，其要點只是在於強調：

行動者在選擇與追求慾望的交往互動中，必須同時學習把「非工具性的程序條件」納入行動的考量中，從而使得個人的自由意志與倫理的生活方式產生聯繫。

如此，在「自我彰顯」的實踐程序中，個人依然保有自由的空間，可以在接受與遵守「非工具性的程序條件」的權威之同時，展開其各式各樣的「自我選擇活動」。

◆語言性

道德語言是會話交談中的在地用語。

道德能力

對於社群與倫理生活的重視，清楚揭示出了「道德實踐體」的日常性與在地性。因此，一次又一次地，歐克秀提醒我們道德活動的最佳類比實非語言莫屬。

就像語言一樣，道德是人類溝通互動與相互理解的「程序條件」。因此正如語言的權威在於其使用方式，我們也可以說：「道德實踐體」的權威同樣是根據某些倫理生活方式實際上正被實踐著的事實。

這也是為什麼歐克秀說道德語言宛如我們「會話交談中的在地用語」（a vernacular language of colloquial intercourse），「每一種道德交談的在地用語都是人類歷史實踐的成就」，而我們從事道德行動的能力，則恰如語言能力（literacy），也是透過參與延續性的語言範式而慢慢學習來的（OHC, 63; OH,

144）。因此，歐克秀明確指出：「道德行動並不是在解決問題；它毋寧是行動者持續性地與日常性地相互結合在一套道德交談的熟悉語言範式之中。」（OHC, 64）

歐克秀既不認為道德是一套控制人性慾望或生物本能的設計，或是有關人類行動的原理與格言（OHC, 62-63），更極力反對前述的道德普遍主義，企圖藉著「道德法則」或「道德原則」（moral rules or principles）來證成行為（to justify a performance）（OHC, 66-70）。

道德規範

在這裡我們千萬不可混淆「道德原則」和「道德實踐體」的「程序條件」之間的差異；它們實際上代表著形成道德規範的兩種不同觀點：

一、抽象原則：「道德原則」只是對於「道德實踐體」的一種「節略」（abridgments）。因此有關「什麼是對的」（what is right to do;

rightness）的原則性宣稱，通常是外在展演的（demonstrative）而非內部反思的（reflective）。換言之，「道德原則」的權威與規範效力通常來自哲學家的論證，並因而具有抽象化的特性，也就是將具體責任從特殊的人際關係中抽離出來，完全無視於行動者所應承擔的責任，往往與行為履行所涉及的處境、職務與崗位等密不可分。順此而言，我們實際上無法以道德原則來證成行為，因為從行動者的內在觀點來看，道德原則「是不定的（indeterminate），多樣的，可能衝突的，並有不同的重要性：沒有道德原則（猶如康德所言）是最高無上的（categorical）」，也沒有道德原則可以真正告訴他們，當處在某一特定處境中究竟應當履行哪種「個別行為」（specific performance）才算是道德上正確的（OHC, 69）。

二、具體判斷：「道德實踐體」的「程序條件」是指行動者在偶然的具體處境中，透過自我的內在反思來選擇與追求實質慾望的滿足時，所接受的一套「非工具性的道德考量」。「程序條件」的內在權威與哲學家的外部論證無關，因為前者的規範效力是源自於「道德實踐體」已然存在的事實；而在「道德實踐體」中，責任則是被安置在人際關係中，並聯繫著具體的處境、職務與崗位等。沿著「實踐自主性」的思路，歐克秀因而斷然拒絕以哲學家所提出的「道德原則」來取代行動者所承擔的道德判斷；從行動者的內在觀點來看，從事道德活動的唯一途徑，就是實際使用我們熟悉的道德語言。

最後，讓我們引用歐克秀的一段陳述作結：

> 道德，因此既非一套一般原則的體系，也不是一組規則的法典，而是一種在地語言。一般原則乃至於規則固然可以從中被抽取出來，但（就像其他語言）道德語言不是由文法學家所發明的，而是由言談者所創造的。（OHC, 78）

◆完美不朽？

在現代倫理處境中，既沒有「完美的語言」，也沒有「不朽的自我」。

以上有關自由與道德或「自由行動者」與「道德實踐體」的討論，主要集中在「自我彰顯」的面向。亦即，偏重於從交往互動的角度，來思索行動者在追求「想像與預期結果」的滿足時，所共同承認與接受的「非工具性的程序條件」。

如前所述，人類行動實際上還涉及「動機」（motives）與「情感」（sentiments）的表現，也就是所謂的「自我形塑」，而在道德實踐上，有關人格完整與德行生活的「自我形塑」和「自我彰顯」同等重要。

現代人的倫理處境

按作者的理解，「自我彰顯」與「自我形塑」實質上可被看成是有關現代個人倫理處境的兩項核心議論：

一、**自我決定**：「自我彰顯」是環繞著「我想要什麼？」或「我擁有什麼？」所展開的「自我選擇活動」，並因而涉及「自我決定」的問題。

二、**自我認同**：「自我形塑」則針對「我是誰？」之質問而來的「德行活動」（virtuous action），並因而牽涉「自我認同」的議題。從這個角度來看，人類的「動機」的表現，主要是為了「成為他想要成為的那種人」，也就是樹立其人格的誠正與完整（OHC, 73）。

歐克秀一再強調，這裡所談的「動機」，既不是指生物本能或心理狀態，而是指追求人格完整的行動者，之所以採取各種特定行動與選擇的「情感」（OHC, 71-72）。這些情感的流露絕非只是私人的或主觀的，因為行動者對於他自己是誰的「本真性」（authenticity）的求索，顯然與公共意義脫不了關係（cf. OHC, 75）。換言之，「自我形塑」與人格養成唯有通過學習的途徑，也就是藉著追求道德語言中所蘊含的「德行的暗示」，來完成有關人格成就與美德功績（exploits）的重塑（re-enactment）（OHC, 74, 75）。

道德的自我彰顯與德行的自我形塑

就此而言，「道德的自我彰顯」（moral self-disclosure）與「德行的自我形塑」（virtuous self-enactment）（OHC, 76, 77），似乎分別體現著兩大道德語彙：「正義與罪行」（justice and guilt）、「榮譽與羞恥」（honor and shame）。就如歐克秀提示的，在希臘神話著名的普達哥拉斯（Protagoras）寓言中，主宰宇宙萬事萬物的天神宙斯，派遣赫密斯所賦予人類的信念，除了正義（Dike）之外，還有榮譽（Aidos）（OHC, 71 n1, cf. 77, 174）。

的確，在不同的社群裡、在不同的時代中，正義與榮譽的地位或有輕重之別，但它們不是兩套語言，而是「同一語言」中無法完全重疊的「兩套語彙」（OHC, 77, 78）：意圖（intentions）與動機（motives）。舉例而言，某位老師將自己的退休年金悉數捐出，成立一個幫助清寒學生的獎學金。若從意圖一面來看，我們或許可以說，這位老師在交往互動的實踐程序中，選擇了付出較多而不計回饋的行為，但若從動機一面來看，則此一行為顯然涉及「慷慨的情感」（the sentiment of generosity），也就是德行的表現（cf. OHC, 76）。

事實上，正是通過「自我形塑」的視野，歐克秀以對話為核心，開啟了他在教育哲學上的精湛論述（VLL）；此外歐克秀有關宗教信仰的探索，也和「自我形塑」息息相關（OHC, 81-86）。惟因篇幅所限，此處只能割愛。我們僅需注意，對歐克秀而言，傳統倫理學的一個根本問題就是假設存在著至善或完善，而人則可以通過理性完整的自我實現，臻於聖賢之境。

然而，基於多元主義的歷史境況，歐克秀強烈質疑理性的統一，因此他既反對哲學家以共同目的作為「自我彰顯」的終極目標，也不贊同以至善作為「自我形塑」的最終歸途。對歐克秀而言，現代人是冒險家，而非朝聖者，不但有許多意圖與目標想要彰顯，也有各種身分與角色等著他來形塑。總之，從真實的人的處境觀之，邪惡既不可能完全根除，至善（正如真理）亦已遠離而不復得；現代人的宿命注定在邪惡與至善之間掙扎。

德國作家赫德（J. G. Herder, 1744-1803）曾經批評十八世紀的啟蒙哲人只知道高喊：「更簡單的機械論！」（Herder, 2002, 318），而忽略了語言才是「人之所以為人」的關鍵。我想，歐克秀對此應是心有戚戚焉。的確，現代人的真實處境就宛如語言一般，偶然、流變、無法預先排演；但正因為沒有「完美的語言」（a perfect language），所以各種文明相互激盪，並孕育出了多元分歧、卻又趣味盎然的知識與價值信念，允許個人自由地彰顯其獨一無二的自我；也正因為每一個自我都是獨一無二的，沒有「不朽的自我」（an immortal self）可供追尋，所以人可以自主地成為他想要成為的那種人。

行文至此，作者已經大致闡明了歐克秀的哲學理念，以及他對人與社會的條件所採取的哲學探索。在結束道德議題的討論之前，必須再次強調的是，作者之所以將重點擺在「自我彰顯」的面向上，主要是因為歐克秀對於「公民聯合體」作為一種「道德聯合體」的剖析，大抵上是緊扣「自我彰顯」所指向的人際交往之意涵：實質慾望彼此殊異的個體成員，如何可能對公共事務所涉及的「非工具性的程序條件」之權威，形成相互理解與共同承認。在這點上，誠如後續討論所將揭示的，雖然歐克秀對於自由主義並非毫無保留的接受，但其政治哲學的基本思路，仍然承襲了自由主義理論系譜中十分常見的法律主義（legalism），也就是傾向於將法律所表徵的正義以及德行所顯露的榮譽加以區分，並以法律和正義作為「政治道德」的內涵以及探討政治與道德之關係的基點，從而將德行與榮譽，留給了教育和宗教。

| 第七章 |

政治組合（I）

探索政治的新路徑

我們接下來的討論主題是現代國家，也就是進入政治哲學的理解平台，並「依據條件」來解釋「公民聯合體」的特徵及其與「事業聯合體」的範疇差異。

依循本書的一貫立場，此處的重點在於回答這個提問：

何以生活在以法治為公共性基底的「公民聯合體」中，個人自由可以以最不妥協的方式獲得實現？

對此，歐克秀給予的解答線索大致如此：由於公民之間基於「非工具性的規則」（真正法律）所組成的「公民聯合體」，是最符合前述「道德實踐體」的一種政治組合，所以生活在公共事務是藉由立法、司法與治理的法律體系予以履行的法治國家中，個人自由最能相容於真正法律所蘊含的合理權威、公民義務與程序正義，並根據公民利益進行持續的政治審議。

事實上，正是為了論證「公民聯合體」的特徵，尤其是其與個人自由的相應關係，所以歐克秀別出心裁地提出政治組合的概念，作為政治哲學（與政治思想史）研究的新路徑。

正如前文說的，歐克秀的政治哲學基本上是順著他的自由觀點與道德思維延展而來，也因此這本書後半段的討論，將不可避免地回溯前文的要點。為了便於討論，作者準備以《論人類行動》一書作為藍本，並就歐克秀獨特的政治概念的三層內涵，來考察「公民聯合體」的組成條件：

一、**政治組合**：公民、規則。

二、**政治生活**：公共關懷、法律權威、義務、正義。

三、**政治判斷**：公民利益。

由於「公民聯合體」在定義上是政治組合的一種特殊形態，而政治組合實則是歐克秀探索人類政治活動的新路徑。因此，在進入正式討論之前，我們不妨先來看看歐克秀的政治組合概念與另外兩種主流的政治概念（權威與權力）之間的主要差別。

◆政治概念的分歧

> 新世界不僅需要新政治學，也需要傳統暗示。

基本而言，政治論述是對政治經驗的反思，而隨著政治經驗的演變，人們賴以反思政治經驗的語言也就跟著產生變化。從這個角度來說，理解現代政治自然離不開「國家」的歷史現實，而相應於國家的出現，西方政治語言亦隨之產生蛻變，並出現了三套彼此相關、但不可混同的言說系統：

第一套政治詞彙：主要涉及「權威機構」（an office of authority），與其相關的政治觀念，包括了主權與憲法形態。

第二套政治詞彙：基本上觸及「權力組織」（an apparatus of power）以及

由此產生的政治表達，諸如官僚體系、決策模式、政黨、利益團體等等。

第三套政治詞彙：是有關人際關係或人類活動的組合模式（a mode of association），在這層意義上，崇尚法治的「公民聯合體」以及追求特定目的的「事業聯合體」，代表著西方近代思想史中有關國家形態的兩種源遠流長的歷史想像（VMES, 233）。

進一步看，在這三組詞彙中，權威與權力最受矚目，也獲得了最多的討論。

關於政治的教科書定義

事實上，直到今天，大學政治學教科書有關政治的定義大致上還是處在權威與權力的籠罩底下。就舉作者自己的親身經驗來說，每當在教室或口試的場合中問起政治的定義，幾乎十之八九的學生，包括政治系科班的畢業生，大概都會提到國父和大衛·伊斯頓（David Easton）的觀點。

正如大家知道的，孫文在《三民主義》民權主義第一講中談到：「政治兩字的意思，淺而言之，政就是眾人的事，治就是管理，管理眾人的事便是政治。」而伊斯頓在《政治系統》（*The Political System*）則是把政治界定為「社會價值的權威性分配」（the authoritative allocation of values for a society）（1953, 129）。

不管是國父或伊斯頓的定義，都包含了權威與權力的意涵。在某種意義上，國父的定義甚至比起伊斯頓還要清楚地區分了權威與權力的差別。在他的定義中，「政道」與「治道」基本上是並立的；所謂的「政道」即是「眾人的事」，若放在近代政治語言的脈絡中來看，基本上是對應著權威，也就是涉及權力的正當性基礎，並因而和主權與憲法形態相關。另一方面，所謂的「治道」則是管理或治理，觀諸近代政治語言，這原則上觸及「權力組織」，也就是官僚體系、決策模式、政黨、利益團體等權力設置。

相較之下，伊斯頓的定義實則混淆了權威與權力的差別。他所謂的「權威性分配」並不涉及權威基礎的哲學思辨，而是傾向於把權力的使用看成是一種經驗現象，並企圖在現代國家的脈絡底下，探索政治過程中權力與利益的輸入輸出過程。

這即是說，當代政治科學的研究主軸，基本上是對具有經驗內涵的權力關係提出因果解釋。舉例而言，知名的政治科學家拉斯威爾（Harold D. Lasswell）與卡普蘭（Abraham Kaplan）曾說：「政治科學，作為一種經驗性學科，是有關權力的形成與分享之研究」；「權力的概念可能是整個政治學最基本的概念：政治過程即是權力的形成、分配與應用」（1950, xiv, 75）。由於在經驗意涵上，權力可以說就是指有權者命令無權者去做某事或不做某事的勢力或影響力，因此，拉斯威爾直言，「政治的研究就是勢力（influence）與擁有勢力者（the influential）的研究。其中擁有勢力者就是指在各種價值（收入、安全、受人尊崇……）獲取最多者，亦即菁英（elite），其餘就是群眾（mass）」（1958, 1）。

有些學者反對從國家或政府的角度來界定權力，例如女性主義作家蜜拉特

（Kate Milletts）就說，政治「不是那種狹義的、只包括會議、主席與政黨的定義，而是指一群人用於支配另一群人的權力結構關係和安排」（1970, 31）。馬克思與恩格斯在著名的《共產黨宣言》中則是宣稱：「原始意涵上的政治權力，是一個階級用以壓迫另一階級的有組織的暴力。」（1963, 67）在最根本的意義上，權力和影響、控制、支配、宰制等陳述脫不了關係，也因此，權力的濫用向來被看成是個人自由的最大威脅。

倘若政治科學所關注的問題因而是對「權力的社會運作」進行因果解釋，那麼，根據主流的自由主義觀點，**政治哲學的基本任務，便是對「權力的正當使用」提出哲學的終極論證**。也就是藉著訴諸自然權利、超越理性或普遍人性等論據，來建立不容動搖的最高權威，以確保個人自由可以在政治生活中獲得保障。

然而，從前面我們的討論看來，這顯然不是歐克秀承襲的哲學觀點與自由理論，而訴諸外在權威更是他堅決反對的立場。正如前文說的，若依歐克秀的看法，個人自由既不是上帝的禮物，也不是天生的理性，甚至不是固定的人性，而只是人類智思在偶然處境中的持續展現。

政治哲學的主流論證

更清楚地說，上述三種觀點實際上對應著古典自由主義的三套主流學說，分別是洛克的自然法、康德的形上學，以及密爾的效益論。對歐克秀而言，哲學家只是「依據條件」來對已被理解過的世界進行再理解的「思想受害者」；哲學家只是米諾瓦的貓頭鷹，唯有在夜幕低垂的黃昏才展翅高飛。因此，在他看來，任何有關個人自由的終極論證或永恆「基礎」，都是「不必要的」（MPME, 83-84），因為自由的問題，在於把握稍縱即逝的實現契機，而非尋求客觀不變的永恆定律。

回到古典自由主義的理論系譜中，包括洛克認為自由是「無所不在與無限智慧之創造者的禮物」的自然法觀點（MPME, 58），康德有關自由是先於個人經驗而存在的理性設準的形上學論證（MPME, 64），以及效益論者主張自由是行為者「為其自身幸福做出自我選擇」的人性學說（MPME, 78），於是都成了歐克秀批評的對象。而在這之中，又以效益論最不可取。因為其支持者，不但錯誤理解哲學的任務與自由的要旨，抑且提出一個實質的共同目的，如「最大多數人的最大幸福」，作為權力運作的道德基礎，其結果反倒是以社會福祉或國家利益的名義，犧牲掉了個人的自由與選擇。

現代世界的法治理想

前文提及，歐克秀之所以駁斥永恆哲學與理性統一的迷思，主要是發自他對自由危機的深刻自省，而如果說現代社會的自由危機，實際上根源於理性的誤用與越界，那麼此一危機的綿延滋長終至不可收拾，顯然與政治理性主義的長期當道有關：人們對於最高權威與共同目的的熱情擁抱，已經使得現代政治全面倒向「目的政體」，而逐漸淡忘了以「非工具性」的角度來思索「法律政體」的道德特徵及其對個人自由永不妥協之追求。

托克維爾曾說：「一個新的世界，需要一種新的政治學。」（Tocqueville, 2000, 7）借用這句話，我們似乎不妨說，歐克秀的政治哲學就是在尋找一種可以立身於現代多元處境來重新理解個人與社會和國家之關係的新政治學。只是和托克維爾不同，歐克秀的新政治學的基底不是民主，而是法治。

就此而言，一個新的世界，不僅需要新的政治學，還需要古典的智慧或「傳統的暗示」，因為以法治為底蘊的「公民聯合體」，無疑是古羅馬公民留給西方最為珍貴的政治資產。

◆政治語言的含混

民主是一種憲法形態，不是治理方法。

法治是一種政治組合，不是社會控制。

我們稍後即將轉進討論歐克秀的法治思想。在這之前必須先行指出的是：雖然權威、權力與組合這三組詞彙，各有其論述系統與思維邏輯，然而，在現代政治中，它們之間卻時常出現語意混淆的狀況。

偏離原意的民主

舉例而言，有關權力與權威混用的鮮明例子，莫過於民主一詞。

民主這個源自希臘的古老語詞，原意是指某種「政制」，而當民主重現於近代舞台時，主要仍被用來指涉與主權、憲法形態和政治權威來源等相關的討論。然而，時至今日，在許多政治科學與公共政策的研究中，民主反倒成了選舉與投票的代名詞，一種權力轉移的方式或政府治理的方法（a method of government），背離了它的歷史淵源。

指鹿為馬的法治

除了權威與權力之外，另一個常見的現象，是「公民聯合體」與「事業聯合體」的混雜使用。

從歷史起源來看，法治原即蘊含在「公民聯合體」的核心內涵中，也就是嘗試將政治關係理解成是以「非工具性的法律」所設定的權利義務來連結公民群體的一種特殊道德關係。但反觀當前的語境，尤其是華語世界，法治卻搖身變身成了國家用來履行其特定目標的一種工具、用來提升行政效能與社會控制的一種手段。如此，法治也就脫離了「公民聯合體」的懷抱，而成了宣揚「事業聯合體」的籌碼，全然喪失了其維護個人自由的真義。

這說明了為何在許多號稱法治的社會中，個人自由非但沒有以最不妥協的方式在法律秩序中獲得實現，反而受到法律的威脅與箝制。因為這些法律不是真正符合法治標準的法律，其所傳達的，不外是國家統治者的專斷意志，或一些空有法律形式實為社會控制的命令。

誠然在法治社會中，公民負有遵守法律的義務，然而，正確理解下的法治，代表一種具有道德意義的政治組合，絕不是社會對個別公民自由的壓制。[12]換言之，關於法治，有待追問的真正問題是：

我們所談論的法治是否是一種「道德實踐體」？

我們所遵行的法律是否違反個人自由？

總而言之，解開法治之謎的關鍵，在於正確解釋法律的性質。

◆政府職權的迷思

政治組合關注的不是主權歸屬或憲法型態，而是政府的特徵與目的。

從這個角度來看，歐克秀的政治哲學的最大特色，就是放棄對最高權威的終極論證，擱置對權力概念的因果分析，並轉從人際關係與人類活動的視野，來重建以法治為中心的「公民聯合體」理論。藉著對法律、義務、正義等構成「公民聯合體」的條件提出哲學解釋，歐克秀同時也闡明了個人自由與權威和義務在法治狀態中的相容性。

這當然並不等於說，歐克秀試圖切斷權威、權力與政治的聯繫。在歐克秀的思想脈絡中，「公民聯合體」與「事業聯合體」的對立，可以被看成是自由與權力的對峙。為了伸張個人自由的不可妥協性，我們將有機會看到，歐克秀先是在「公民聯合體」的哲學重建中，著手消解傳統哲學有關最高權威的各種論證策略，並於闡釋「事業聯合體」的思想淵源時，戮力揭露對於實質目的的集體追逐，如何在歷史中形成危害個人自由的嚴密權力佈署。這裡的重點是：對歐克秀而言，政治活動不僅涉及權威與權力，更是人類生活相當獨特的一種組合，因為在西方傳統中，正如「公民聯合體」所顯露的，政治與道德密不可分，而道德，在歐克秀看來，實則是一種生活方式。

較明確地來說，歐克秀不是不討論權威與權力，而是將原先偏重於探討最高權威與共同目的的政治理論，導向政府作為一種政治組合的特徵與目的。歐克秀的國家理論與眾不同之處，就在於其始終聚焦在有關政府職權（the office or engagement of government）的兩種對立範疇，也就是「公民聯合體」與「事業聯合體」或「法律政體」（nomocracy）與「目的政體」（teleocracy），而不再以主權或民主作為論說主軸。

在政治思想史上，誠如第十五章所將指出的，「公民聯合體」與「事業聯合體」分別來自兩個拉丁文，此即*societas*與*universitas*：

一、**以*societas*為類比：**「公民聯合體」意味著成員的組成，主要是「依據他們對於行動規則（法律）的權威的共同承認」；換言之，其所理解的人際關係，是一種非工具性的道德關係（VMES, 254）。

二、**以*universitas*為類比：**「事業聯合體」是指成員的組成，基本上是「依據他們對於一個選擇的實質目的或利益的共同追求」；換言之，其所理解的人際關係，是一種「實質性的權宜關係」（VMES, 254）。

◆政治是人類永恆的困境

政治的目標不在追求至善，而在避免極惡。

在結束本章之前，請各位允許作者再次強調：雖然歐克秀目睹現代社會的權威迷思與自由危機，而嚴厲批評「目的政體」並高度推崇「法律政體」，但我們不要忘了，歐克秀同時深信政治哲學與政治實踐之間存在著一道無法踰越的批判距離，因此，藉著政府職權的對立範疇之鋪陳，歐克秀實際上並未倡議要以「法律政體」取代「目的政體」，作為未來政治發展的計畫藍圖。

「法律政體」與「目的政體」

對歐克秀而言，「法律政體」與「目的政體」只是理論上具有範疇差異而必須加以分辨的兩種理念型（ideal types）：道德的人際關係與權宜的人際關係。但在真實處境中，近代歐洲的政治意識卻往往是搖擺在這兩者間，並因而混雜著雙方的特徵。

換句話說，在哲學觀點上，雖然「公民聯合體」最符合道德的特徵，也最能體現個人自由；但在現實意義上，尤其是在當前的歷史條件下，「事業聯合體」已躍身為人們認識國家的主導模式。就此而言，與其說歐克秀對於「公民聯合體」的呼喚，是想要積極地扭轉政治論述的方向，毋寧說他的企圖只是在發揮哲學的誘導和啟發功能，喚起世人注意，同樣源自西方近代世界的「個人主義道德」與個人自由，現正面臨著來自「集體主義道德」與共同目的的嚴峻威脅，卻沒有辦法提出具體的解決方案，一勞永逸地確保個人自由不受國家權力的任意侵犯。

政治懷疑主義

這表示說，歐克秀的「深層多元主義」，不但將「自我彰顯」與「自我形塑」的自由能力，交給行動者自身來實現，而且在政治上有關政府職權的權衡判斷，也有賴個體成員對於歷史處境的具體回應；就算是生活在「法律政體」中，如我們將看到的，政治審議的工作依然是操之在個人手上。以此言之，歐克秀的政治思想帶有溫和懷疑主義（modern skepticism）的色彩，雖然質疑理性的越界與誤用，卻從未否定個體價值與個人自由的重要性。在他筆下政治哲學所透露的一個警訊是：政治是人類永恆的困境，其目標不在於追求至善（因為沒有任何一種哲學可以確保至善的存在），而在於避免極惡（因為在真實的政治活動中權威迷思與權力宰制無所不在）。引用歐克秀有關政治的一段著名隱喻來說：

在政治活動中，人們就好像是航行在一座無邊無垠深不可測的大海之上：既沒有港口可以靠航，也沒有海底可以定錨；既沒有啟航的起點，也沒有停航的終點。這個航程的目的在於保持船隻平穩的續航；這大海既是朋友也是敵人；而駕馭之術，就在於運用傳統行為範式的資源，以便在每一個驚濤駭浪的挑戰之中，化險為夷、化敵為友。（RP, 60）

｜第八章｜

政治組合（II）

以公民觀點思索人際關係

這趟思想旅程即將進入法治國家或「公民聯合體」的論說領域。

依歐克秀的看法，相對於最高權威與權力結構的論述典範，法治的原意指的是一種政治組合模式或有關政府職權的思維方式，基本條件包括：公民、規則、公共關懷、權威、義務、正義與判斷等。換句話說，歐克秀的政治哲學的敘述主軸，大抵上是「依據條件」來探索以法治為尚的「公民聯合體」的特徵與內涵。

由於歐克秀再三強調，法治絕非一種工具性的社會控制方式，而是一種非工具性的道德組合模式，因此嚴守前文有關權宜與道德或「工具性」與「非工具性」的範疇差別，將是我們解析其法治學說的一大關鍵。更清楚地說，「公民聯合體」與「事業聯合體」必須加以區辨，並不是因為後者的組成條件無關乎自由、平等、公民、法律、權威、義務、正義等要素，而是因為兩者對於這些要素的理解有著南轅北轍的根本差別：「公民聯合體」基本上是從某種特定的道德觀點，也就是「非工具性的規則」（真正的法律），來理解國家組成的條件，而「事業聯合體」則是從非道德的權宜觀點，也就是共同目的或集體目標，來探索國家存在的理由。追隨歐克秀的腳步，本章將先從公民觀念開始談起，因為「公民聯合體」最基本的意涵，即是以公民觀點思索人際關係與人類組合。

◆公民狀態

就像朋友是敵人的相反，公民狀態是不自由生活的反面。

公民觀念是討論「公民聯合體」的起點，因為「公民聯合體」作為一種「道德聯合體」，體現著許多理論家曾經夢寐以求的、有關人群聚集的道德理想，此即所謂的「公民狀態」（the civil condition）或「公民關係」（civil relationship）。

「公民聯合體」的理想特徵，一言以蔽之，就是象徵著自由的公共生活狀況的「公民性」（civility）（OHC, 108）。據此，如果說理論家的首要任務，是「藉著條件」來對原有認識進行再認識，從而擴大我們知識的範圍，並藉以減少我們的迷思與困惑（cf. OHC, 1），那麼，對歐克秀來說，政治哲學（作為一種理論探索）的基本使命，即是重新理解「公民性」的內涵與條件。正也因為這裡的重點是政治哲學，所以接下來有關「公民性」的剖析，主要是就其理想特徵（an ideal character）而言，而不涉及偶然流變的具體處境。換言之，我們必須謹記，歐克秀不僅力保政治哲學與政治實踐之間的批判距離，而且力求歷史知識（政治思想史）相對於哲學探索（政治哲學）的自主性。

簡潔地說，與哲學對於條件或理想特徵的求索有所不同，倘使我們的理解旨趣，是某一特定時代中的某一個別作家對於「公民性」的特殊解析，那麼我們就必須轉向歷史研究，也就是投向政治思想史的懷抱，因為歷史作為一種理論探索的主要任務，即是依據過去、流變、脈絡等設定，來討論某一具體事件或行動的意涵。總而言之，基於知識觀點的多元性，歐克秀認為政治哲學與政治思想史，雖可相互對話，卻不應彼此替代。

在本書的尾聲，作者將回頭簡介歐克秀有關現代國家的歷史特徵之敘述架構。現在我們僅需注意：

基於近代政治意識是在「法律政體」與「目的政體」之間迂迴搖擺的事實，歐克秀透過歷史敘述得到的一個重要觀察，如前所述，便是政治語言的含混性與模糊性。法治一詞的混淆，即是其中最為顯著的一個例子。

為了避免語意不清的爭端，歐克秀在《論人類行動》中於是引進一組拉丁詞彙來表達「公民性」的理想特徵：以civitas表示理想的「公民狀態」，亦即崇尚自由與法治的「公民聯合體」；以cives顯示加入此一關係的成員身分，亦即「公民」；以lex作為公民之間相互聯繫的公平條件（terms），亦即「法律體系」；以respublica統稱此一關係的廣泛條件，亦即「公共事務」或「公共關懷」（OHC, 108）。

◆公民聯合體

「公民聯合體」的成員並非志同道合的朋友，甚至可能是彼此仇視的敵人。

依據這組拉丁詞彙，我們可以將「公民聯合體」的特點重新整理如下（OHC, 122, 122, 158, 174）：

一、**「公民聯合體」是由自由行動者組成的一個「實踐體」**：組成「公民聯合體」的「公民」，既不是受到社會過程或心理機制所制約的原子個體，也不是追求實質的共同目標的夥伴或同仁，而是根據一套公平的「法律體系」（a system of lex）而聯繫在一起的「自由行動者」。

二、**「公民聯合體」是一套公平的「法律體系」**：「公民聯合體」所規定的「公共關懷」，與任何實質慾望的滿足無關，而僅只涉及公民在從事各種選擇與活動時，所同意接受（subscribed to）的非工具性的道德條件。

三、**「公民聯合體」表徵著一種道德關係**：在「公民聯合體」中的公民關係因此是一種道德關係，因為它無關乎行為後果的權宜考量，而僅只關注所有行為一概涉及的公平條件（terms），也就是法律（see esp. OHC, 112, 122, 158, 174）。

再一次地，歐克秀的定義哲學氣味十足。

但我們也不要忘了，歐克秀是一位體系化的哲學家，前文有關自由和道德的討論與他的政治哲學之間具有高度的連貫性。因此，在逐次解釋「公民聯合體」的組成條件之前，我們不妨先配合本書前半段有關「工具性的實踐體」與「非工具性的實踐體」的區分以及道德的三項特性，來顯現接通全書論證的一個重要環節：

「公民聯合體」是充分體現自由之公共生活狀態的一種「道德聯合體」，因為組成「公民聯合體」的規則（法律）具有道德的非工具性（非目的性）、一般性（共同性）與語言性（在地性）等特徵。

我們不妨先舉幾個例子，來幫助讀者掌握其意涵。首先，「公民聯合體」最顯著而關鍵的特徵，就在於它完全是由規則（rules）所組成的一種關係或程序；而藉著規則（亦即法律）來思索人類活動（尤其是政治活動）的道德性，則是西方文化十分獨到的一個特色。

再以網球為例。我們有很多方式可以觀察一場網球比賽的進行，譬如科學考量（如球員各項表現的數據）與歷史考量（如網球運動的發展與演變），以及本書特別關注的權宜考量（各種求勝的策略）與道德考量（如不應服用禁藥）。

非工具性的法律規則

雖然權宜考量也可能涉及規則，例如一位選手每天固定練球八個小時，一支球隊訂定集訓的目標，但道德考量所關注的規則，卻與任何實質目的的滿足或共同目標的達成無關，而僅只涉及「非工具性的規則」，也就是球員之間應該如何平等相互對待的權利義務關係。換言之，一場比賽除了精采程度之外，通常還會浮現公平（fairness）與否的問題。如果球員不是在某種公平的網球規則之中負擔相同的權利義務，則網球比賽根本就不可能進行。同理，法治作為一種政治組合，亦即「公民聯合體」，其核心思路，就是將公民關係想像為一場網球比賽中的參與者，彼此共同承認一套「非工具性的法律規則的權威」。

共同的政治組合

雖然如此，「公民聯合體」不同於諸如棒球或網球這類日常活動的特殊性，在於它是我們因出生而加入因死亡退出的一種非選擇性的政治組合。就此而言，與我們共同組成「公民聯合體」的政治夥伴，「並不是我們特別喜歡的人，也不是和我們志同道合的人，甚至是我們鄙視或仇恨的人，但我們必須和他們形成一種〈法律〉關係，因為我們與他們比鄰而居，或在共同的處事中和他們休戚與共」（NB, 421）。而既然「公民聯合體」關係著公共事務的處理，它的規則（也就是法律）所牽涉的範圍，因此涵蓋全體公民共同分享的權利義務關係。就這點來說，公民法律的管轄範圍與義務要求，顯然要比棒球或網球活動更為普遍與廣泛；而且，不像棒球或網球，「公民聯合體」中並不存在著可以隨時化解規則在使用上所引發的種種爭端的一本「手冊」。

不僅如此，網球比賽，正如政黨、大學、公司、工廠、社團、朋友、俱樂部等等，各自有其特殊的實質目的，並可提供行動者多樣差異的「預期與想像結果」之滿足，因此在定義上屬於「事業聯合體」，萬萬不可與「公民聯合體」相混同。換句話說，雖然「事業聯合體」必然涉及道德議論，但它的特徵原則上取決於其所追求的實質目的，而不像「公民聯合體」完完全全是依據規則而組成的。

舉例而言，消防隊的存在目的就是救火，縱使消防隊訂有特殊的活動規則，例如：消防法規、輪休表、出勤要點、教育與訓練規章等，但這些規則並無法界定消防隊的存在目的，反之這些規則通常是為了其存在目的而被制定出來的，而且遵守這些規則並不能自動完成其存在目的：很顯然地，光憑消防隊員對於消防法規的認識與承認，是無法撲滅任何火災的（OHC, 116-117）。

總而言之，「事業聯合體」的特點是透過交換、管理、政策等權宜考量，來追求共同目的或集體目標，但「公民聯合體」的特點卻剛好相反，因為除了共同接受的規則之外，其並未預設任何實質的共同目的。

在地的公民語言

討論至此，我們終於可以會心理解，為什麼歐克秀在《論人類行動》中會提出「實踐體」的觀念。原來，對歐克秀而言，前文有關「實踐體」的種種討論，正是為了幫助我們擺脫實質目的的糾葛，而完全從規則來探討「公民聯合體」的特徵。因為在定義上，「實踐體」恰恰是指「限定行為履行的一組條件」（OHC, 120）；也就是說，「實踐體」並無法預先「決定」或「要求」哪一項個別行為應被履行。相反地，它代表著行動者在從事行為與選擇時所同意接受的一組「程序條件」或「副詞限定」。

這種重視「程序條件」甚於「實質目的」的特性，剛好與「公民聯合體」完全依據規則而組成的特點不謀而合，並因而為歐克秀開闢出了一條新的路徑，可以在眾所熟知的「目的政體」之外，再度傾聽「法律政體」的哲學之聲。要之，「公民聯合體」本身就是一種「實踐體」。因此，倘若語言是「實踐體」的最佳類比，那麼公民關係實則宛如一套共同語言的使用者。換言之，正如語言的奧妙絕非一成不變的文法書或單字本所可窮究，語言毋寧是一套自給自足的、反覆使用的、不斷演變的言說方式；共同使用一套「公民語言」（the language of civility）的言談者之間同樣沒有任何實質關係可言，而僅僅具備形式關係（OHC, 121-122）。

◆公民關係

公民關係不是樂團及其聽眾的關係，毋寧說更貼近演奏者在樂團中的相互關係。

前文多次提及，歐克秀從未否認權宜思辨與「事業聯合體」是我們生活中最常見的活動形態與人際關係。而從「自我彰顯」的角度來看，藉著加入「事業聯合體」來追逐慾望的滿足，更是自我實現所不可或缺的一環。但這並不等於說，所有的人際關係都是權宜關係，所有的人類組合都是目標導向。

事實上，正是基於此一誤解，許多人於是以為國家存在的性質和企業、大學或消防隊並無本質上的差異，同屬於追求實質目的的「事業聯合體」。順著這層意思來說，歐克秀之所以致力於闡揚非工具性的道德思辨以及依據規則而組成的「公民聯合體」，其核心旨趣無非是在披露近代歐洲有關國家的另一種理論想像。

在「公民聯合體」中，人們的互動關係完全是建立在言談者於從事「自我彰顯」與「自我形塑」時所同意接受的「諸如用法或規則等考量的共同承認」（OHC, 120）。順著這個解釋，倘若公民關係是一種平等關係，那麼這種平等關係自然不是指所有的言談者具有相同的語言能力，而是指他們具有共同的語言工具；也就是說，公民關係並不是長笛演奏者和聽眾之間的關係，而更像是演奏者彼此之間的關係（OHC, 120）。

既然公民關係作為一種語言關係，與實質慾望的滿足或共同目標的達成無關，也就是說，公民關係具有道德的基本特徵：「非工具性的法律規則」、「共同的政治組合」、「在地的公民語言」。因此，依據前述權宜與道德的對立區分，我們可以得出此一結論：

「公民聯合體」不僅是一種「實踐體」，更是一種涉及權威、義務與正義考量的「道德實踐體」。

換句話說，公民語言是一種道德語言，而道德語言則是「會話交談中的在地用語」；因此，公民語言可以說就是「公民理解與交往互動的在地用語」（a vernacular language of civil understanding and intercourse）（OHC, 123）。也因此，除了非工具性與語言性之外，公民關係同時具有前述道德的一般性特徵：雖然「公民語言」與人們透過交往互動所欲追求的實質目的無關，但在「公民聯合體」中沒有一個交往互動的情境不會牽涉到公民語言（OHC, 123-124）。

| 第九章 |

政治組合（III）

公民聯合體完全由規則組成

◆法治

法治即依規則而治，與任何實質目的之滿足無關。

公民狀態就是公民自由的共同生活狀態。「公民聯合體」並不預設任何實質的共同目的，而完全是由「非工具性的規則」所組成的一種人類組合。公民關係是一種道德關係，或更簡潔地說，「公民性」即道德性，而公民語言則是一般性的在地用語。在這裡，作者並無意否認，歐克秀對於「公民性」的如此理解，與一般常識認知相去甚遠，但在他看來，這卻正是嚴格意義下的法治之真諦。換言之：

法治作為一種公共生活狀態，即是公民狀態。

法治作為一種政治組合或有關政府權責的思維，即是「公民聯合體」。

法治作為一種人際關係，即是公民關係。

因此，在著名的〈論法治〉（On the Rule of Law, 1983）論文中，歐克秀明確地說，法治代表一種道德組合模式，其組成完全是依據行動者「對於已知的、非工具性的規則（亦即法律）的權威之承認」；由於這些規則是他們在履行「自我選擇活動」時所同意接受的「程序條件」或「副詞限定」，所以凡是在其管轄內的行動者，一概負有遵守規則的義務（OH, 148; cf. OHC, 125-126, 149）。

事實上，歐克秀從不諱言，如此理解下的法治是西方特殊歷史經驗下的產物。

西方世界特有的一種理解公共生活的方式，就是從規則的角度，將自由與平等的個人所組成的公民關係想像成一種道德關係。以此推之，非西方世界之所以經常誤解法治的意涵，以為法治的目的在於增進社會控制與行政效率，進而順應著西方現代性進程把「目的政體」的思維無遠弗屆地向外傳播，成為他們模擬西方現代國家的主要想像，無非是因為對於共同目的與集體目標的追求，和他們自己的歷史經驗和時代處境較為接近。例如：追求富國強兵至今依然是華人社會、甚至亞洲社會認識現代國家的基本格局。

就此而言，以上的討論剛好足以點破似是而非的「以法治理」（the rule by law）和哲學解釋下的「依法治理」（the rule of law）的範疇差別；所謂的「依法治理」，即依非工具性的規則而治。

綜上所述，歐克秀在當代政治哲學上的主要貢獻之一，即是藉著闡述「公民性」與法治的條件，來擴大我們對於現代國家原有的認識範圍：從「目的政體」轉回到「法律政體」。而由於正確理解下的法治，是指公民對於「非工具性的規則的權威的共同承認」，因此構成「公民聯合體」的首要條件，無非就是規則：

> 「公民語言是一種規則的語言」（OHC, 124），公民關係即是「承認規則為規則」（the recognition of rules as rules）的關係（OHC, 148）。

由於「公民聯合體」的其他條件，諸如公共關懷、權威、義務與正義等，無一不是從規則所推導出來的，因此，在結束政治組合的討論之前，我們必須緊扣規則的非工具性特徵來多做一點說明。

◆法律

並非所有規則都是法律，真正的法律是「非工具性的規則」。

在最基本的意義上，「公民聯合體」因而即是由規則所構成的一種人類組合。然而，必須注意的是，這裡所提及的規則和建議、命令或標準等不同（OHC, 124-130），因為在公民狀態中規則不但是來自權威機關的「權威論斷」或「權威規定」（authoritative assertions or prescriptions）（OHC, 125, 130）（關於權威來源，容後再述），而且它們必須是非工具性的。這點十分重要，因為我們必須切記，有別於「事業聯合體」對於共同目的與集體目標的求索，「公民聯合體」是一種「道德聯合體」，其組成完全是基於成員對於「非工具性的規則的權威的共同承認」。

換句話說，在「公民聯合體」中規範公民相互對待方式與共同責任的規則，正如前述「道德實踐體」的「程序條件」，其本身既不提倡任何實質目的，也不是實現某一實質目的的工具，而只是行動者透過「自我選擇活動」追求實質慾望之滿足時，所同意接受的「非工具性的副詞條件」（OH, 139-140）。又由於這些規則同時是來自權威機關的「權威規定」，所以我們也可以稱之為「非工具性的權威規定」。

規則與正義

關於「非工具性的權威規定」與「工具性的權宜陳述」的不同，我們不妨再以棒球為例略加說明。在棒球比賽中，諸如「投手投出三個好球即三振打擊者」這類規則，即是「非工具性的權威規定」；而諸如「為了三振打者，一個好投手必須先學會控球」這類的「權宜陳述」，則是關於如何完成某一實質目的的工具性的建議（an advice），兩者不可相互混淆。這表示說，正如道德與權宜分屬兩界，「權威性」（authenticity）與「可欲性」（desirability）亦不相同，如果我們誤將兩者混為一談，那麼規則便將失去一般性與形式性的特點，成為特殊且具體的建議。

規則與命令

同理，規則也不可混同於命令（an command）或指令（an order）（OH, 140-141）：

一、**管轄範圍**：命令是針對特定行為者而發的，規則卻約束著管轄範圍內的所有不特定的行為者。

二、**規定方式**：命令是回應特定狀況的單次行為，規則卻是對某種假設狀況下發生的行為所預先做出的經常性規定。

三、**約束效力**：命令是履行某一實質行為的強制令（an injunction）並因而有「服從」（obedience）的壓力，規則卻是行為者同意接受的「副詞條件」並因而有「義務」（obligation）的要求。

四、發布依據：誠然命令有時純粹只是「權力」的表現，例如：有人拿著槍對著你說：「把錢給我」；但在一些場合中命令有時也是一種「權威表達」，例如：在棒球比賽中主審把抗議過頭的總教練趕出場，此時主審的命令所依靠的，就不只是處罰不服從者的「權力」，而是藉著規則而擁有的「權威」。

換言之，「命令本身不是規則，但它們卻可依據規則來擬定聯合體的條件」（OH, 141）；在「公民聯合體」中，政府官員的權力與命令，即是來自於由規則（法律權威）所確立的某種職權（an office）。

規則與標準

順著這個脈絡來看，規則也不是辨別行為對錯的「標準」（a standard or criterion），而只是權威性地規範著人際互動的「非工具性的副詞條件」：規則「並未告訴行為者應該做出怎樣的選擇，它只宣告了進行選擇時所同意的條件」。即便是有強烈規範性的刑法實際上也沒有載明「禁止殺人或縱火」的任何道德目的，而只是「禁止『以謀殺的方式』來殺人（killing “murderously”）或『以縱火的方式』來點燃火苗（lighting a fire “arsonically”）」（OHC, 58）。

所以，嚴格地講，規則的「權威性」既不需要經過行動者的「批准」或「反對」，也無關乎遵守或違反規則所帶來的「報酬」或「處罰」，甚至不涉及「存廢」的考量，因為行為者對於規則內容的「可欲性」的評價誠然重要，但這屬於審議與判斷的範疇，與權威的確認無關（OHC, 125; OH, 141-142）。

綜合以上的討論，組成「公民聯合體」的規則因而僅被限定為「非工具性的副詞條件」，而且這些「副詞條件」是關係著公民權利義務的「權威規定」。無疑地，如此理解下的規則，即是「真正法律」，也就是歐克秀筆下所稱的「lex」。

| 第十章 |

政治生活（I）

以法律體系彰顯公共關懷

讓我們再更進一步討論，既然「公民聯合體」僅只涉及公民對於「非工具性的法律規則（或道德條件）的共同承認」，其所觸發的「公共關懷」理所當然地指向法律的制定、判決與執行等層面。

為了避免與「事業聯合體」的思維路向產生混淆，歐克秀刻意以respublica來指稱「公民的公共關懷或考量」；換言之，「公民聯合體」的公共性，與共同的實質目的、利益或良善無關，純粹只是「一套法律體系」（OHC, 147, 150）。於是我們可以說，「公民聯合體」的成員基本上是共同生活在一套包含立法、司法與行政的法律體系所彰顯的公共關懷與道德關係之中，由此不僅確立了一個特定的管轄範圍（jurisdiction），並界定了政府的基本職權。

◆立法

立法關係著公民聯合體生命的延續。

首先，立法是指創建新法或修改舊法的程序。誠然立法與修法的時機，與處境的變化有關，但立法機關無疑是法治的公民狀態得以延續的基石，因為法律就是「公民聯合體」的生命，而立法的目的，則是讓成員透過法律程序來調解彼此之間的權利義務關係（OHC, 138-141）。

進一步看，最高立法機關的組成方式與立法程序，應該由法律加以規定；而立法者在立法時，不但必須排除「自己的利益」，也不代表其他特定人的利益」（OH, 150）。這並不是說，立法者不需要對法律是否可欲的問題進行判斷，只是判斷的對象應該是所有成員的利益，而且，只要法律一經合法程序制訂便具有「權威性」，即便其規定內容的「可欲性」受到質疑，也只能透過修法程序加以矯正，而不能直接取代現有法律的權威。

再則，雖然法律的根源可能來自善良風俗或習慣法，但單憑「古風」（antiquity）、「當下效力」（current availability）、「傳統繼受」（traditional acceptance），均不足以確立法律的權威；因為所有風俗習慣都不能違反立法機關所制訂或修改的法律，只有得到立法機關的監護，它們才能成為真正的法律（OH, 150-151）。此外，既然立法機關的職權是由法律所賦予的，法律的權威和立法者的「自然品質」（德行、明辨、智慧或克里斯瑪等）並無關聯（OH, 151）。

◆司法

法官是法律規範的監護者。

司法判決主要是依據證據法則以及法律條文的解釋，來審定某一行為是否違反法律義務，從而有效地把法律規範連結到變化萬端的偶然處境中（OHC, 131-138）。判決的職權在於法院。

判決和立法是兩種「範疇差異的職務」：

立法的主要工作，是基於某一公共事務在可預見的未來是否可欲的問題，對「一般義務的現存體系」做出部分改變；法官的基本職務，則是藉著對案件經過的回溯，就某一特定行為是否「符合現存義務條件」，進行判決與審議

（OH, 157-158）。就此而言，判決可被視為法院對具體情境中可能違法情事所採取的「決疑式審議」（casuistical deliberation）；雖然判決的實際結果是對某些實質行為的限制或處罰，並因而有待「權力」與「命令」的行使，但法院無疑是「一個明確具有權威授權的權力機構」（OH, 174）。

由於「真正的法律」只是「非工具性的副詞條件」，並未對實質目的做出任何界定，因此，與其說「法官是利益衝突的仲裁者」，不如說「是法律規範的監護者」（OHC, 132-133）。不僅如此，法官在審判時既不應為特定利益或某一公共政策進行辯護，也不應恣意加入自己對「立法原意」、「公共利益」、「實質權利」（substantive “right”）的主觀解讀。

歐克秀甚至反對習慣法中「法院造法」的論點，在他看來，過去發生的案例未必具有慣例的約束力，「就法治而言，『判例法』（case law）的說法是一種謬誤」；因為，嚴格地講，司法正義無非是在偶然處境中「聲明法律之意義」（OH, 158-159; Gerencser, 2012: 329, 331），英國法官的誓詞：「依據法律」

（according to the law）來實行正義，即清楚地表明了法治的這層意涵（OH, 159, note 8）。

政府不是迪士尼，政府官員也不是企業管理者。

◆治理

法律的執行，也就是治理或行政，基本上是指政府官員在特定處境中，依法執行公共事務的程序（OHC, 141-147）。雖然政府的治理行為與行政措施，必須依賴命令，而命令本身並非規則，但在「公民聯合體」中，命令原則上是藉著規則而成為法律關係的要素。換句話說，「公民聯合體」並不必然排除權力的條件（OH, 160）。

在「公民聯合體」中，立法與行政不可混為一談：相對於立法機關所制訂的規則，具有普遍性，治理毋寧更像判決，涉及規則在偶然處境中的個別適用問題：治理行為必然涉及「職務執行者對於特定處境中所做出的想像與預期的實質回應」（OHC, 141）。然而，與「事業聯合體」把政府當作迪士尼或宏達電來經營的方式迥然不同，「公民聯合體」的行政官員絕非「企業管理者，利益衝突的各方陳述或利弊的裁定者，或某些優先利益的保護者」；恰恰相反，依法治理的官員不外是「享有權力與義務的職權持有者（office-holders），其主要關注，只是對於程序的遵守奉行」（OHC, 144）。

| 第十一章 |

政治生活（II）

法律就是權威

我們現在可以從法律體系的存在，來進一步追問政治生活所涉及的三項要素：權威與義務，以及正義（或政治道德）。

◆法律權威的來源

由規則所構成的公共關懷本身即是權威。

首先，法律的權威究竟從何而來？這可能是「公民聯合體」中最困難確認的一個問題（cf. OHC, 181）。事實上，正是為了替歐克秀獨樹一幟的法律權威理論的出場鋪路，所以，在前文中，作者一再重申內在權威與外在權威的差別以及歐克秀採取內在觀點的理由。

內在觀點

此處有待補充說明的是，在法律權威的問題上，歐克秀的論述重點主要是朝著兩個方向分進合擊：在一方面，歐克秀嚴守道德與權宜的分界，把「權威性」與「可欲性」區分開來，並視法律為「非工具性的權威規定」；在另一方面，他則是反對從任何外在於法律的更高權威或共同目的來設定法律權威的基礎，因為唯有法律權威是內在於法律本身，生活於法律關係中的個人，才能擺脫外在權勢的壓制，而自由地彰顯自我、盡情地形塑自我。

依此，歐克秀有關法律權威的見解大致如下：「公民聯合體」作為一種自主的「道德實踐體」，其組合元素俱是「內生的」（intrinsic），而非「外塑的」（extrinsic）；就此而言，法律的權威實為「公民狀態的一個假設」，也就是說法律的權威其實內在於「公民聯合體」本身，而無須從政治社群以外的其他地方去窮究法律權威更高的來源與基礎（OHC, 147, 150）。換言之，正如語言的權威端在於言說、語境與用法，法律的權威也與任何外在的工具考量、實質目標、完美至善、絕對真理，甚或哲學論證，均不相干，而僅只涉及公民的公共關懷，也就是對於「非工具性的法律」的考量與審議。

自我確認

換個角度來說，在法治的公民狀態中，公民的公共關懷基本上是被侷限在「真正法律」之內，也就是一套「自我充足的法律體系」（a self-contained system of law），這套法律體系不僅有「自我決定的管轄範圍」（a self-determined jurisdiction）（OHC, 129, 125），而且它們是「非工具性的權威規定」。基於此，我們因而可以說，「公民聯合體」具有「自我確證」（self-authenticating）的特性，內在於「公共關懷的權威」（the authority of respublica）本身，即是「公民狀態的一個假設」；也因此，為了確認某一法律規則的權威，我們必須置身在涉及「公共關懷」的法律體系內，以便藉著其他相關規則的權威來確認此一規則的權威（OHC, 150）。

極簡條件

事實上，對歐克秀而言，法律最無可爭議的「唯一可信的特性」，就是權威（OHC, 154），而具有權威的「非工具性的規則」，就是「真正法律」。從這點來看，歐克秀似乎只給了法律權威相當單薄的極簡條件（minimal conditions）：只要成員能夠「知道法律是什麼」並「擁有一個可以確立法律權威及其所規定的義務的程序」即可；誠如歐克秀在〈論法治〉中所補充說明的，只要通過「最高立法機關」的立法程序所制訂或修改的「真正法律」，就是一種「權威規定」（OH, 149-150），並「毫無例外地喚起所有公民的接受」（OHC, 154），亦即共同承認其權威。總而言之，法律的權威來自此一事實：它們是由權威機關（最高立法機關）所制訂的「非工具性的規則」。

◆終極論證的批判

告別永恆哲學！

在學理上，我們因此可以說，有關法律權威的討論，歐克秀所採取的是一種徹底的內在觀點，試圖將所有外在考量統統排除在外。在他看來，法律權威不但無關乎個別法律的「可欲性」，或不服從法律所招致的處罰，甚至也和憲法的位階或民主的條件無關；不僅如此，由於「法的正義」並不包含正義的全部內容，所以法律權威既不是奠基在實質的共同目的或任何追求公共利益的道德理想之上，亦不涉及對較高法律（higher law）或普遍人權的求索，遑論關於歷史發展的定律（OHC, 152-153）。這部分的討論涉及歐克秀對傳統哲學、道德哲學、政治哲學與法哲學的批評，因篇幅所限作者只能約略帶過，無法逐一詳論其中的細節：

可欲性

先就「可欲性」來說，個別法律所規定的內容是否可欲固然重要，但它們實際上涉及政治審議（political deliberation）或政治判斷（political judgment）的課題，而與權威的基礎不相干。換言之，對歐克秀而言，「權威性」與「可欲性」是辨識法律特質的兩個不同面向。後文將從「可欲性」的角度來解釋政治審議或政治判斷的要旨，在此且先略過不談。

刑罰

其次，法律權威也不可以和畏懼刑罰混淆在一起（OHC, 148-149, 156, 192）。誠然法律時常附帶罰則，而對於刑罰的恐懼，也確實可以防止違法行為的發生，但法治的基礎是對「權威的承認」，而不是對「權力的服從」；遵循法律權威基本上是一種道德義務，畏懼強制處罰而聽從命令則是一種權宜考量。稍後，我們將有機會對義務問題做出更多的討論。

憲法

進一步看，以為只要依靠憲法的至高性就可以一舉化解權威來源問題的想法，同樣是緣木求魚。歐克秀說：

> 在公民聯合體中不存在：一個承認〔法律權威〕的單一終極規則，一個其他所有規則可以推導出其權威之無條件且不容質疑的規範：一部可以不受詮釋影響、可以免於質問的「憲法」。（OHC, 151）

不僅如此，連民主都不是法治或法律權威的決定性條件。歐克秀會這麼說，倒不是要批駁民主的價值，而是想要提醒讀者留意：即便立法者是由民主程序產生，也就是具備了一般所謂的統治正當性，未必就能確保法律的制訂符合法的「內在正義」（OH, 152）。

民主正當性

舉例而言，以民主作為正當性的基礎，不一定就可以避免「公民聯合體」中出現維護某一特定階級利益的立法；也就是說，民主社會中時而出現的「多數專制」與「階級立法」，在歐克秀看來，同樣有可能變成個人自由的潛在敵人。[13]對此，巴柏（Karl Popper）曾舉過一個有趣的例子：如果民主被無限上綱，那麼身高低於一百八十五公分的大多數人，將有可能以民主投票的方式通過法案，要求身高低於一百八十五公分的人要負擔所有稅款（Popper, 1962, Vol 2, 160）。事實上，除了巴柏，和歐克秀同時代的柏林與海耶克，也都看到了自由和民主之間並沒有必然的關聯性。依此，歐克秀於是再三強調，只有法治才能確保個人享有最不妥協的自由，因為「自由不是從公民聯合體而來的一個結果，而是內在於它的特徵之中」（OH, 175）。

外在正義

尤有進者，歐克秀還區別了「法的正義」和一般理解下的正義概念的差異；對他而言，「法的正義」，固然是正義的，因為它們是構成法律的內在特徵（the intrinsic character of law）（OH, 173），也就是「內在於」（inherent in）法律概念本身的「內在道德」（inner morality）（OH, 152, 168; OHC, 153, n1），但也因此之故，「法的正義」只是一種特定的正義，而不涉及全部的正義。有關「法的正義」的基本內涵，容後再做說明。

絕對正義

必須在這裡接著指出的是，基於法律權威的內在性，歐克秀亦強烈反對從法律之外的道德、宗教或哲學考量，來證成權威的終極根源；相對於「法的正義」，這些根源，雖然都訴諸人類重要價值，卻盡屬於和法律權威不相干的「外在正義」（extrinsic justice）（OH, 172）。

歐克秀甚至感嘆地指出，在這些論述形態的長期支配下，近代歐洲有關國家理念的歷史敘述，因此時常誤將「依據法律」治理等同於「依據正義」治理。事實上，在歐克秀看來，連許多著名的偉大作家都混淆了「法」（lex）與「正義」（jus）的不同：前者是「依據法律自身的權威來理解規則」，後者則是「依據法律規定是否堪稱『對的、正當』（rightness）或『正義』（justice）來理解規則」，其形態不一而足，包括講求共同目的（如自我實現）或訴求較高法律（如上帝的意旨或理性的自然法）等等（OH, 147-148），也就是一般通稱的絕對正義或最高正義。

最高道德考量

就共同目的來說，歐克秀再次強調，「真正法律」並不關注利益與慾望、福祉與繁盛、好處與機會，或達成共同目的的條件，因為法律是「非工具性的規則」，而非促進人類普遍需求或自然有用物品（natural goods）（如維持生命所需）的手段；當然，這不是因為需求與自然有用物品不重要，而是因為人們的需求是殊異的，我們不應該透過法律來限定人們的自由選擇與自我滿足。換言之，正因為法律是人們在追求自我滿足時所同意遵守的「副詞條件」，所以，法律的「內在道德」並不涉及行動者在履行某一行為時，對於情感與動機所採取的「最高道德考量」（supreme moral consideration）」，例如：有關人類卓越或自我實現的條件（OH, 153-154）。

新柏拉圖主義

在歐克秀所謂的新柏拉圖主義的作者群中，此一聲浪從未停止過，那就是：訴諸「自然、理性或較高法律」（a “natural”, “rational” or “higher” law），也就是自然法或上帝法，作為法律普遍的正義基礎；從普芬道夫（Samuel Von Pufendorf, 1632-1694）、孟德斯鳩（1689-1755）到十八世紀德意志所盛行的法治國（Rechtsstaat）論述，都可以看到這種「惡法非法」的觀點（OH, 154, 168-169,

173）。

一個顯著的例證是：為了確保立法者是根據「正義之聲」來立法，盧梭於是提出普遍意志的說法；此外還有不少理論家紛紛以絕對價值、不可剝奪的基本人權、無條件的人類自由，或來自根本法（Fundamental Law）的權利清單等陳述，來擺脫自然或理性的法律之空洞與模糊（OH, 155-156, 170-172）。

總而言之，在哲學方法上，不管是提出較高法律還是訴諸根本法，其共同錯誤就是嘗試以「可論證的、不含糊的、普遍的判準」（OH, 154）來一勞永逸地（once and for all）確立法律的終極權威。就這點來說，所有訴諸外在的最高理性來確立一套不容差錯的實踐原則的哲學計畫，其實都是一種理性主義，或也不妨說，是柏拉圖的「永恆哲學」的歷史倒影，並因而與歐克秀所嚮往的「實踐自主性」背道而馳。

◆生活方式的承認

告別偉大的立法家！

沿著「實踐自主性」的思路，歐克秀再次重申，「公民聯合體」得以自我維繫的一個關鍵，就在於公民對於法律及其內在權威的「共同承認」（common recognition）（OHC, 128），而且此一承認並不是根據某種「一勞永逸的賦權」，而是來自「公民的持續認可」（the continuous acknowledge of cives）（OHC, 154）。換言之，與其說法律權威的確立必須藉助偉大立法家的超凡睿智與豐功偉業，毋寧說取決於法律效力所及的行動者，對於其權威的共同承認。

歐克秀在《論人類行動》中舉出一個饒富趣味的例子（OHC, 154）：

我們都知道，英國人熱愛板球運動，當 Marylebone Cricket Club（MCC）在一七八七年成立的時候，與當時的其他板球俱樂部並無二致，甚至戰績更差。

在一七八七到一八九四這將近一百年的時間內，MCC並未贏過一場重要賽事。但有趣的是，正因為如此，MCC在制訂板球規則上漸漸取得了公認的權威（authority），直到今天仍然握有板球規則的版權。這個權威並非繼承自某位傑出領導人而來，也沒有所謂權力集中化或任何強力的手段，甚至不是由任何委員會所規定。MCC在板球規則上的權威性，完全來自於所有俱樂部和球員的共同承認。

如此甚明：「真正法律」是由權威機關所制訂的「非工具性的規則」，法律一經立法程序制訂，就有了自我確認的權威；換言之，法律權威與任何外在目的均不相干，就「公民聯合體」的理想特徵而言，「法律就是權威」。

| 第十二章 |

政治生活（III）

義務來自對規則的承認

進一步看，與法律權威或公民權威相輔相成的另一核心觀念，是公民義務（civil obligation），而非公民服從（civil obedience）。也就是說，公民對於「非工具性的規則（真正法律）的權威的共同承認」，同時賦予了他們守法的義務，因為「非工具性的規則」，並非利益的權宜之計，而是公平的道德條件。歐克秀因此指出，公民權威與公民義務可謂是維繫公共狀態的「一對支柱」（OHC, 149, 154, 171）；也因此，有關公民義務的討論，必定牽涉到法律與道德之間的關係。

歐克秀的基本看法為：

一、**就範圍而言**：法律所設定的義務雖然是道德的，卻不能涵蓋人類全部的道德生活，因為法律只是對於社群內在的倫理生活方式的立法化與規則化，因此在範圍上法律沒有道德寬廣（關於這點，等稍後論及正義時再行討論）。

二、**就性質而言**：法律作為「非工具性的規則」，主要是指個人在從事

「自我選擇活動」時所同意接受的「程序條件」，就此而言，法律僅只涉及「自我彰顯」的道德蘊含，而未論及與「自我形塑」息息相關的德行生活，因此在性質上法律也比道德狹隘。

雖然如此，以法律規則作為公共事務準繩的「公民聯合體」必然具有道德特徵，因為在法治狀態中「非工具性的規則」所規定的內容，正是自由的公民之間應該平等相待的責任與義務。

◆義務與德行

捐款救災是一種美德，但我們並沒有捐款的義務；守法是一種義務，但只是遵守法律，不足以讓我們成為聖賢。

我們必須區分義務（obligation）與德行（virtue）的不同。在歐克秀的理論系統中，德行涉及道德情感與動機，並因而指涉人格與行為的優良品質，例如勇敢、慷慨、寬大、慈悲、仁義等；而在廣義的道德活動中，行動者基本上是透過「自我形塑」，來學習經營與操持具備德行的生活。與此相對，「義務與規則有關」，因為義務不僅是基於規則而形成的公民關係之顯著特徵，而且義務代表著公民在從事選擇與活動時所必須納入考量的一種特殊理由（reason）；當我們說A應該去做某事，或A有義務去做某事時，其理由恰恰在於：「因為這是規則」（OHC, 155）。也就是說，義務是懷抱著不同「想像與預期結果」的行動者，在「自我彰顯」的交往互動中對於「非工具性的法律規則」的接受與遵行。

正義與榮譽

這清楚顯示，義務與德行基本上對應著前述西方道德思想的兩大系譜，也就是正義與榮譽。但也因此之故，是義務而非德行，構成了「公民聯合體」的必要條件。因為「公民聯合體」的法律，容我再次重申，並非是達成實質滿足的工具，亦未摻雜任何實質目的在內，而只是人際互動所依據的「副詞條件」，也就是透過規則而「具體指明了行為在道德上的對錯」，因此在依據法律而形成的「公民聯合體」中，處於法律管轄下的行動者，在尋求各自慾望與目的滿足的同時，也負擔了遵守法律的義務（OH, 144-146）。也就是說，「公民聯合體」的道德性質，無關乎個人或集體之效益、福祉或目的的達成，而僅只呈現在其成員負有「遵守非工具性的規則的義務」這點上（OH, 161, 174）。

法律無法創造德性

從這個角度來說，雖然具備公民權威的法秩序，有助於我們選擇自己的人生願景，過著自己認為有意義的生活，但法律本身並沒有辦法創造德行，而遵守法律也不代表是個人完整的道德能力的充分實現。舉例而言，當發生天災人禍時，總有許多善心人士會投入各種賑災與救濟活動，包括擔任志工、募集物資與捐贈善款等。雖然見義勇為、熱心助人、慷慨解囊等，都是社會上值得嘉許的德行，但很顯然地，法律並無規定我們必須捐款的強制義務。反過來說，如果國家真的以立法形式，要求每位公民在某些狀況下必須捐款，那麼這種非自主性的不樂之捐，不但無法提升公民的德行，反倒形成一股龐大的道德壓力，嚴重威脅個人的「自我選擇活動」。

換句話說，法律作為一套「非工具性的規則」，其本身既不能提振個人的道德動機，也無法有效地確立道德品格，因為法律限制人的外在行為，卻難以規範個人的內心。即便真的如此立法，政府也無從推而行之，更無法阻止破壞德行的虛偽入主，導致陽奉陰違，這反而削弱人們對於法律的尊重。由此看來，捐款救災是一種美德，但我們並沒有捐款的義務：守法是一種義務，但只是遵守法律，並不足以讓我們成為聖賢。

◆公民義務

公民的守法義務並不是先於社會而有的，而是基於對法律權威的共同承認而來的。

對歐克秀來說，法律義務並不是先天、固有、脫離社群而存在的。相反地，我們守法的義務就呈現在行動中，就表現在行為者對於法律規則的權威的承認、認可或認同（recognition, acknowledgement, identity）。

承認與同意

誠如前文所言，「公民聯合體」的聯繫與維持，靠的是成員「對法律權威的持續認同」。這再次顯現，在歐克秀的討論中，法律所規定的義務，正是社群內在生活方式的公共表達，而非來自外在的權宜考量、共同目的或哲學論證。同理，這裡所謂的「承認」，基本上也是內蘊於人際關係與社會實踐之中，而與簽訂社會契約的理性方式不同。

若按洛克的講法，人的生命、自由、財產是先於政治社會而存在的自然權利，但由於自然狀態中欠缺確保這些權利不受他人侵犯的機制，基於互信人們於是「同意」放棄部分權利，成立一個可以透過立法與司法制度來確保公民權利的政府。也因此，依據一般的理解，對洛克而言，守法的義務主要來自同意行為。

相較之下，受到英國新黑格爾主義者如格林（T. H. Green, 1836-1882）、布萊德禮（F. H. Bradley, 1846-1924）與包桑葵（Bernard Bosanquet, 1848-1923）批判社會契約論與自然權利論的影響，歐克秀認為自由是一種生活方式、權利是社會實踐的成果。也因此，與自由權利相對應的責任義務，並不是先於社會而存在的，而是基於成員對法律所傳達的相互對待之道的共同承認。

舉例來說，有兩位朋友每週末都會相約一起去看棒球，這樣的關係持續了兩年，雙方雖然沒有明確承諾，但彼此心照不宣，認為這是他們所該遵守的規則。有一天，其中一人突然沒有出現，也沒有表示歉意，另外一人可能會譴責他違背了雙方已經承認存在的某種義務關係。這即是說，經由人群的交往互動，某種更持久性的義務關係已經逐漸形成於活動中；而承認，在最基本的意義上，就是對於那些已經存在的人際關係、行為傳統、生活方式、習俗慣例等所顯露的「暗示」（intimations）（RP, 51-53）表示認可（Cf. Boucher, 2013, 111）。若再借用歐克秀的那句名言來說，我們對於「非工具性的法律規則」的權威的承認，實則也是一種「追求傳統的暗示」之活動。

習慣無法創造義務

於此，值得注意的是，傳統意指社群內在的生活方式，而與個人的人生態度或生活習慣無關。例如：康德每天下午固定時間外出散步，但這不表示大家都應該效法他。再一次地，義務不是一種日積月累的習慣而已；義務是一種遵守規則的理由（OHC, 156）。換言之，法律作為「非工具性的規則」，廣泛地規範著公民之間的義務關係；遵守法律的義務，並不是私人活動，而是涉及全體公民的交往互動的公民義務（OHC, 155）。就此而言，在「公民聯合體」中公民之間存在著一種特殊的道德關係，亦即共同承擔著相同的公民義務。而所謂的法治，則可重新表述如下：

> 法治代表一種道德聯合體，此一聯合體完全是依據對於已知的、非工具性的規則（即法律）之權威的承認而形成的，而且在其管轄範圍內，這些規則將對所有行動者在從事自我選擇活動時所應遵守的副詞條件，施予義務的限制（OH, 148; cf. 158）。

在這個意義上，歐克秀因此直言，只要是在法律管轄範圍內的「所有行動者都是平等的，並負有接受規則的義務」；行為者拒絕法律義務的「唯一有效理由」，就是不在其管轄範圍之內（OHC, 126）。

| 第十三章 |

政治生活（IV）

政治不是沒有道德，而是另有道德。

我們在前面的章節中，已經從權威與義務的相應關係，就「公民聯合體」的基本特徵進行了深入淺出的哲學解析。在本章中，作者準備轉從自由與權利的條件來彰顯其特性。

由於自由與權利乃是「公民聯合體」亟於維護與體現的根本價值，以下的解說因而也可以被看成是從正義的觀點，來解釋法治的意涵。又由於「公民聯合體」在本質上為一「道德實踐體」，因此正義所涉及的自由與權利，即是「公民聯合體」中政治道德（political morality）的基本內容。以此言之，政治不是沒有道德，而是另有道德。

◆政治道德

在法治狀態中，法律就是道德。

雖然前文有關「公民聯合體」的道德特徵的討論，偏重於權威與義務一面，但持平而論，義務和權利的關係就像一個銅板的兩面：

一、**從義務面來看**：法律規範的效力與任何外在基礎無關，而是根植於公民在從事「自我選擇活動」時，對於「非工具性的規則的權威的共同承認」。

二、**從權利面來看**：這實際上等於說，在法律未有規範的範圍內，個人擁有最大限度的自主行動空間與自我選擇權利。換句話說，在我的拳頭打到你臉頰之前，我有揮動我的拳頭的自由。

再進一步思考，既然在「公民聯合體」中維持公共生活秩序的兩大支柱，亦即權威與義務，均聯繫著公共關懷與法律規則，因此我們也不妨說，處於公民狀態下的自由，實即公民自由（civil freedom），也就是當法律的義務與權威獲得普遍遵循時，個人得以在法秩序的保障中進行自我選擇的諸項權利。而承襲歐克秀一貫的論述理路，讀者應已了然於胸，自由實乃歷史實踐的結果；它是體現社群生活方式的「一種建制、一種程序」，而非先於社會而存在的一套原理、一條定律；「我們並不是一開始就是自由的，構成我們自由的那些權利與義務，是經由長期辛苦的努力，而在社會中被建立起來的」（RP, 54, 487-488; cf. 396, 406）。

自由的兩種形態

值得再次強調的是，雖然自由堪稱「公民聯合體」的首要價值：「公民聯合體」必然蘊含著尊重「人類行動的自由選擇的特徵」（OH, 161），但這並不意味著「事業聯合體」輕忽自由。事實上，就像其他重要的政治觀念，自由同為「公民聯合體」與「事業聯合體」所看重，有待區辨的真正問題是：「公民聯合體」所追求的公民自由，和「事業聯合體」所嚮往的自由形態，有著本質上的偌大差別（OHC, 157-158）。

簡單地說，「事業聯合體」在定義上是指根據實質的共同目的而組成的人類組合，並以此共同目的為權威的終極來源和道德的最高依據，所以「事業聯合體」的法律原則上被理解為追求共同目的的一種工具手段或管理策略，而其成員所享的自由，則因而帶有「集體主義道德」的色彩，也就是藉著對共同目的的集體選擇來維持共同體的團結與聯繫。但也因此之故，在歐克秀看來，其成員的自由並非是完全「自主的」，因為他們必須毫無例外地接受此共同目的的「可欲性」，並以此作為他們所採取的各種選擇活動的評價標準。若用神學來做類比，這就好比有一群教徒，凡事皆以上帝意志作為依歸，而他們所從事的所有活動，不論是否出於自己的意願，都被認為是對神恩或神聖目的（a divine purpose）有所貢獻。

集體欲望的侵襲

與此相對，由於「公民聯合體」的成立完全依據「非工具性的規則」，其組成分子自然要比事業夥伴享有更大的自主活動空間。換言之，正因為公民成員不是對於實質目的的選擇以及滿足慾望的決策抱有共識的事業夥伴，而組成公民關係的法律體系，也僅是公民在尋求自我選擇與自我滿足的行動時所同意接受的道德條件，因此，除了「非工具性的規則」之外，再也沒有任何外在的權宜考量，可以恣意限制公民的「自我選擇活動」。

歐克秀因此聲言：在「公民聯合體」中，沒有外部力量可以撼動個人的「活動及其所追求的信念之間的連結關係」（OHC, 158），因為他們對於自己的人生目標與生命意義的求索，既無關乎、也無需仰賴任何實質的共同目的的「集體可欲性」，自然也就沒有必要擔心他們所信靠的信念，是否將隨著「集體慾望」的改變而失去可欲性，從而變得不再值得追求。這再次顯示，歐克秀無意貶抑個人的慾望。恰恰相反，由於歐克秀的自由理論是從行動者的「想像與預期結果」出發，因此，對他來說，唯有移除共同目的所預設的「集體可欲性」對於個人自由所可能帶來的威脅與干涉（尤其是當此一「集體可欲性」得到國家權力的支持與鞏固時），公民才得以自由自在地生活在公民狀態中，並隨著情勢的遷移與慾望的流動，在各種偶然處境中彰顯自我的價值、扮演自我的角色。

若拿神學來作類比，這就好比說上帝只是一位「立法者」（a law-giver），而信徒則保有了自由意志，並持續透過「自我選擇活動」來盡其所能地履行守法的義務。

個人自由的堡壘

從這個角度切入，我們於是更貼近了本書的主軸：在歐克秀的法治理論中，個人自由將以最不妥協的方式獲得實現。

正由於「公民聯合體」代表一套完全由「非工具性的規則」所構成的法律程序，其中既未蘊含、亦不反對任何合理的實質目的，因為真正法律只是個人從事「自我選擇活動」時所同意接受的道德條件，所以在法治國家中個人雖然負有法律義務，但這些義務並未指明什麼目標應該被追求或什麼行為應該被履行，甚至義務的基礎，也不是來自法律之外的上帝意旨、最高理性或共同目的，而只是基於個人對於「非工具性的規則的權威的共同承認」，因此，「公民聯合體」是最相容於最大限度的個人自由的一種政治組合（OH, 175）。

又由於維護個人自由的真正法律，亦即「非工具性的規則」，實質上等於是支持公共秩序的一套特定的道德條件，所以，我們可以說，在「公民聯合體」中，法律就是道德，因為真正的法律完全符合前述道德的「一般性」、「在地性」，以及最重要的「非工具性」等特徵；或也不妨說，「公民聯合體」所標示的政治道德或政治正義，就是公民之間所應平等共享的自由與權利。

◆程序正義

在法治狀態中，程序正義即「法的內在道德」之體現。

「公民聯合體」是由「非工具性的規則」所組成的這項特點，不僅和個人自由相幫襯，還因而形成了一種完全基於真正法律而來的正義觀點，也就是所謂的「程序正義」。

換言之，在理想的法治狀態中，價值分歧、慾望殊異的公民群體不但將在法律權威的管轄下，共同分享法律上的權利與義務，而且公平規定這些權利義務關係的真正法律本身，其實就內建了一些道德的特徵。更清楚地說，由於真正法律並不涉及任何實質的共同目的或社會價值的分配問題，而僅只關乎一套非目的性的、普遍適用的、具有約束效力的「程序規定」或「副詞條件」，因此，所謂的「程序正義」實際上是指內在於法律本身的道德特徵，也就是前述的「法的內在道德」（inner morality of law），亦即「內在於法律特徵的形式原則」（OH, 173）。

法的內在道德

若是這樣，我們不禁想要追問：「法的內在道德」究竟是什麼？

基本而言，在歐克秀筆下，構成「法的內在道德」的具體明證包括：規則的非任意性、公開性與不可溯及既往、規則與獎勵的區別、除了法律之外沒有其他的義務設定、所有成員在法律之前一律平等（亦即，每一法律主體都毫無例外地承擔法律所賦予的義務）、獨立的司法判決程序（例如：原告或檢方與被告同為訴訟當事人）、沒有可以免於法律究責的公法人或類似組織、罪刑法定、法無明文不罰、犯罪行為之認定需符合構成要件該當性、不能因為昧於某一法律規定內容就不受處罰、沒有法律之外的驅逐或其他處罰方式……等等（OH, 152-153; OHC, 153 n1, see also 128, 137, 230）。

獨立的道德規範

依此，若用法理學家富勒（Lon L. Fuller, 1963）的觀點來說，則以「法的內在道德」為基底的法秩序，實際上形同於一套「獨立的道德規範」。而在此理解下，顯然並非「所有規則的雜亂集合以及像規則般的命令、文件或條款等」（OHC, 128），都是具有「內在道德」的法律。再一次地，歐克秀所謂的真正法律，並非泛指所有的法規章程，而是專指「符合法律的形式正義的非工具性的規則」。

◆社會正義

在法治狀態中，法律不可與政治混淆。

當然作者並不否認，若從「事業聯合體」的觀點來看，則正義的內涵，尤其是「政治道德」的範圍，將與前文的討論大不相同。因為在定義上「事業聯合體」的正義論述，涵蓋著公民對於某一實質的、值得全體人民追求的共同目的之實現。

舉例而言，目前流行的偏重社會經濟資源之公平分配的社會正義或分配正義理論，便傾向於將（同時包含自由原則、機會均等原則與差異原則的）正義原則視為社會的首要美德，或組成政治共同體的根本信念。[14] 誠然分配正義與個人自由是否相容、如何相容，乃是當代政治哲學的一大爭議，然而，基於本書的主題，作者於此無法詳而論之，最多只能沿著前文的鋪陳，重提以下幾項要點。

集體冒險

首先，從政治哲學的理論平台來看，歐克秀之所以在「事業聯合體」勃興、在政治理性主義瀰漫的當頭，重彈「公民聯合體」的哲學之音，無非是想喚起人們注意：對於社會正義的戮力追求與過度自信，在許多情況下將使得「非工具性的法律」變成權宜的、取巧的、討好選民的政策，從而造成國家權力的擴大與集中，進而對個人自由帶來不同程度的危害；更不要說政治是人類永恆的困境，需要謹慎對待，而對於某種實質的共同目的的義無反顧之追求，等於是在從事一場集體冒險，其後果不僅時常超乎人類理性的預測與控制範圍，甚至可能逆反吞噬人性的基本尊嚴：自我彰顯與自我形塑的自由。

經濟思維

其次，從政治思想史的理解平台來看，正如第十五章將約略提及的，「公民聯合體」和現代國家的形成有著休戚與共的歷史關係，也就是說，「公民聯合體」的要素並非歐克秀的自我幻想，相反，「公民聯合體」與「事業聯合體」是完整理解西方過去五百年來的政治論述與政治經驗所不可或缺的兩個相互對峙的思想邊界。就此而言，晚近社會正義理論的出現，不但有其歷史淵源可循，例如：其仍以生產和分配作為國家的主要職責，從而成為歐克秀筆下的civitas cupiditas的一種變形；而且它的缺點，也唯有在「公民聯合體」的對照下，才能被清晰地凸顯出來。

換句話說，歐克秀提出「公民聯合體」理論的主要理由之一，是想藉著重建道德性的（非工具性的）國家學說，來擺脫被許多人視為現代國家治理圭臬的經濟利益論點，從而擴展西方政治意識的疆域與政治想像的空間。有學者因而認為，歐克秀的政治哲學的顯著貢獻之一，就是解開長久以來牢牢綑綁住自由主義的物質主義（materialism）與經濟主義（economism）枷鎖（Franco, 1990, 235）。

就這點來說，試圖結合個人自由與分配正義的正義理論的基本矛盾，就是混淆了「公民聯合體」與「事業聯合體」的內在特徵，從而犯下了歐克秀極力避免的範疇錯誤：非工具性 vs. 工具性，或個人自由 vs. 共同目的。[15]

雖然將社會正義或分配正義排除在外，但這絕不意味著「公民聯合體」欠缺道德性。恰恰相反，前文多次提及，歐克秀對於自由與實踐體別出心裁的提法，正是為了表明「公民聯合體」本身就是一種重視個人自由的「道德實踐體」；事實上，如前所述，歐克秀對於道德的討論，即是以康德式的「非工具性」為前提，然後施以黑格爾式的改造。因此，較正確地說，「事業聯合體」

與「公民聯合體」所講述的正義，體現著兩種不同的「政治道德」或「公共道德」；前者重視共同目的、集體目標或社會福祉，後者則關注法律上的權利義務以及程序正義或「法的內在道德」。

| 第十四章 |

政治判斷

以公民利益形成政治決議

「公民聯合體」的組成全然依據公民對於「非工具性的規則（也就是法律）的權威的共同承認」。

再進一步說，法律一經權威機關制訂即具權威，並因而賦予了公民守法的義務，而在權威與義務所支撐的法秩序中，個人的自由與權利將可獲得最佳的保障。因為由「非工具性的規則」所組成的法律體系，雖然是一套攸關公共關懷、並為全體公民所共享的政治道德，但其在本質上，既不偏袒任何整全性的道德學說或宗教教義，也未預設任何實質的共同目的或集體目標，更不受到國家權力的恣意侵犯或任意威脅。但這並不保證，在現實的意義上，所有的法律都是可被接受的。

持平而論，正因為對歐克秀而言，政治是人類永恆的困境——公民權威沒有至高的泉源，公民義務沒有終極的解答，公民自由沒有堅固的磐石——所以從「實踐自主性」的角度來看，法律所規定的內容每每不盡人意，從而容有基於更好的理由加以變更的餘地。換句話說，歐克秀從未漠視法律與個人期待之間的落差以及社會生活方式的演變，而在他的法治學說中這基本上關乎個別法律是否可欲的質問，也就是牽涉到了政治審議或政治判斷的問題。

◆政治審議

政治判斷是依據公民利益對公共事務進行情境化審議。

依作者的理解，如果說前述的規則、公共關懷、權威、義務、自由與正義等觀念，代表著「公民聯合體」的形式條件，那麼政治審議可謂是「公民聯合體」的實質要素。換言之，雖然法律對於公民的權利義務關係的權威規定，具有非工具性、一般性與形式性的特徵，但因受到黑格爾（以及德國歷史法學派）的影響，歐克秀同時視法律內容為社會生活方式的體現，而審議的作用，即是在於連結法律的形式與內容。

哲學與實踐

為了說明這點，我們必須扣住「實踐體」的特性，稍微回顧一下歐克秀究竟是如何看待哲學與實踐之間的關係。

歐克秀有關「實踐體」的探討，從一開始就刻意結合普遍的形式規則與個別的具體內容兩個思考軸向：一方面，實踐體作為「限定行為履行的副詞條件」，清楚指明了人類活動必須是在特定脈絡中完成的形式條件，而從人類行動理論的角度來看，此一形式條件顯然具有普遍性與恆常性。另一方面，對慾望殊異的行動者來說，當他們透過各種實踐體來自我彰顯與自我形塑時，其對於人生目標與生命意義的具體內容的求索，卻又必然流露出人類活動無可避免的偶然性和流變性。

順此脈絡而論，歐克秀堅持政治哲學與政治實踐之間的批判性距離，實有更深層的理論用意，那就是為了要讓「公民聯合體」的理想特徵能夠和時代世局的不停流轉同時並存。換句話說，正因為對歐克秀而言，哲學與行動世界之間具有範疇差異：哲學家志在對人類行動的條件提出解釋，但無法代替行動者來從事選擇與判斷的工作；因此，雖然從哲學的眼光來看，形式的法律及其權威是構成「公民聯合體」的必要條件，但對「公民聯合體」的成員而言，自由與權利則是承載著社會生活方式的歷史成果，他們所能做的，並不是把自由與權利當作條件或公理來理解，而是置身在偶然的處境中，對著各種價值與目的，進行自我選擇與自主判斷。

規範與現實

在這裡，我們再度看到了「實踐自主性」在歐克秀的政治哲學中所扮演的關鍵角色。

基於「實踐自主性」，我們因而可以說，在理想的法治狀態中，公民對於公共事務的關注焦點，通常並不是由最高立法機關所制訂的法律的「權威性」，而是個別法律所規定的具體內容的「可欲性」。就像上文所說的，有關「可欲性」的質問與探索，實際上並不涉及「公民聯合體」的形式條件，而是屬於日常性的政治審議或政治判斷的範疇。一言以蔽之，政治審議的對象，並非法律體系的「權威性」，而是個別法律的「可欲性」（the desirability of this law or that law），也就是對法律規定的內容表示贊成或反對（OHC, 159）。

雖然如此，這並不表示政治審議與法律權威毫無關係。事實上，政治審議「是在大家知道的〔法律〕程序中完成的，而且其成果可以繼續被收割為權威陳述」（OHC, 161）。換句話說，政治審議的作用雖然不是在質疑法律的權威，而是就個別議題的「可欲性」進行判斷，然而，一旦審議的事項成為法律，那麼它的相關規定就具有了「權威性」，並轉化為公民所應遵守的義務規範。

法律與政治

就這點來看，作為「公民聯合體」的實質要素的政治審議，無非就是現實政治的真實寫照，其要義大致是指：在「公民聯合體」中，公民從事政治活動的主要任務，即是依循法律規範來對公共議題的「可欲性」進行具體判斷，進而在動態的歷史程序中，將社群內在的生活方式，持續轉化成「非工具性的規則」，也就是法律。

如果用歐克秀自己的術語來說，法律與政治行動之間因而涉及兩個層面的議題：

一、**從法律規範的角度來說**：構成政治生活的形式條件，必然包含法律體系所內建的程序正義或「法的內在道德」，也就是全體公民在從事政治行動與政治審議時，「對於法律形式特徵的真誠信服」。

二、**從政治現實的角度來說**：政治的實質判斷指的是針對法律內容「在道德—法律上的可接受性」（moral-legal acceptability）進行情境化的審議（OH, 174; cf. OHC, 158-159）。

一方面，法治的建立與法秩序的實現，必須彰顯內在於法律本身的形式特徵，亦即法律的程序正義；另一方面，法治的常態運作與法秩序的持續維持，則牽涉政治的實質審議，也就是在現實處境中，就個別的公共事務的「可欲性」，從事審議、思辨、討論，以判定個別法律的具體內容是否具備「道德—法律可接受性」，是否符合社群內在的情感、信念、價值與生活方式。無疑地，後者所涉及的基本問題，實即先前談論的政治道德或政治正義，也就是關於公民所共享的權利義務關係的共同承認。推論至此，我們終於恍然大悟，原來共同承認與政治審議是一體的兩面。

綜合前面的討論，在歐克秀有關「公民聯合體」的理論探索中，政治一詞至少指涉三層意涵：

一、**政治作為一種人際關係或人類組合**：代表著我們理解現代國家之條件與特徵的一種獨特的理論觀點。

二、**政治作為一種公共生活秩序**：不僅關乎法律的制訂、執行與審判等公共關懷，也就是牽涉政府的立法、行政與司法等職權，同時涉及法律權威與公民義務等條件。

三、**政治作為一種審議或判斷**：關切如何就個別法律內容的可欲性，進行合宜的審議與妥善的判斷，進而採取必要的行動，誠如歐克秀所言，如此理解下的政治活動之要旨是：「依據可欲性而非權威，來審議規定公共事務的條件」（OHC, 163）。

◆實踐理性

在享受正義的美好之前，我們必須先認真對待這個邪惡的世界。

正如義務與德行不同，歐克秀刻意將政治審議的對象，限定在「規定公共事務的條件」之內，從而將德行問題排除在外。

公民可欲性

引用歐克秀的一段話來說，我們：

對於一項道德美德的認可，就是對在某些處境中做出某些行為的贊同；

> 這些具體處境的細節或許會被遺忘，或許會被輕忽，但如果完全避開這些具體處境不談，實則等於是對此一認可的捨棄或限制。（OHC,160-162）

歐克秀的意思是說，當論及美德時，我們通常是針對某人在特定時空下所採取的具體行為提出評價；事實上，這是儒家傳統常見的道德評價方式。例如：孔子誇讚子路很慷慨，連車馬和衣服都願意和朋友分享。但法治國家中政治審議的重點，主要在於「公民可欲性」（civil desirability），也就是：

> **對於特定的公共事務是否符合「道德—法律上的可接受性」進行判斷，其審議結果，因此並非具體行為，而是一般規則。**

歐克秀緊接著說，政治審議不是對最高權威與共同目的的終極確認，而是藉著不斷的「思考與言談來達成結論，進而透過權威性的活動來將此結論轉化成規則」（OHC, 165），從而使得法治的公民狀態得以自我延續。因此，在最根本的意義上，政治審議的道德意涵，並不是在追求共同目的，而是在尊重個體差異的前提下，「依據公民利益（bonum civile）來對公共事務進行情境化審議」（OHC, 173），以利政治決議的形成。在這裡，「情境化審議」顯然和歐克秀的「實踐自主性」理念相呼應，也就是重視實踐判斷的脈絡化與個別化。

持久的論爭

歐克秀提醒讀者注意，雖然政治審議的最後結果是形成法律規則，但法律規則並不能因為「滿足一個需求或倡導一個廣受歡迎的實質結果」就被看成是可欲的，更不應該從一個不容質疑的最高規範，來推論法律規則的可欲性，不管這個最高規範是指「道德法則、理性或自然的規定條約、效益原則、無上命令，或其他相似的東西」（OHC, 174）。換言之，由於個人是生活在一個偶然流變的意義世界之中，因此公民實踐的常規以及社群內在的生活方式，並不是從自然定理（theorems）、人性定理或需求定理，所推演出來的公式；也不是從一個更高的道德規範（norms），一個虛有其表的「最高公民利益」

（summum bonum civile）或「理想正義理念」（ideal justice），所導引出來的結論（OHC, 176）。在相當程度上，歐克秀應該同意此一說法：正義是這個邪惡世界中最美好的事物，但在享受正義的美好之前，我們必須先認真對待這個邪惡的世界（Dunn, 1990, 24）。

這再次提醒我們：對歐克秀而言，「公民聯合體」的成員可能是敵人，而非朋友，人類活動的場域是多元分歧的偶然世界，而非目標一致的機械世界，因此，政治活動的目標，僅僅是在尋求對於法律規則的權威的相互承認，而非追求永恆真理或完美至善。也因此，歐克秀歸結地說，在政治審議中「論證形式的結論是絕不可能的；追求最終的解答以及另外一套法律的理想體系，只是讓人迷惘的藉口或墮落的幻覺」（OHC, 178）；換言之，我們無法「藉著一套展演的、明確的、永恆的判準來決定法的正義」，我們只能「在一種論述的爭論形態中來審議相關事態」（OH, 156）。

就此而言，政治審議注定存在著「混淆或內在緊張關係」；政治審議的道德想像的穩定性，並不在於確定不變的結論，而在於審議的「風格」（OH,

174）：持久的論爭。在這點上，歐克秀的實踐理性明顯深受亞里斯多德的實踐智慧（phronesis; practical reasoning）的影響。簡單地說，對亞里斯多德而言，一位具有實踐智慧的醫生，不是懂得藥的成分，更重要的是，能夠知道在什麼時候、對什麼症狀、用什麼藥。

形式主義與歷史主義

總而言之，在「公民聯合體」中，政治審議所真正關切者，不外乎「公民可欲性」，也就是個別法律「在道德—法律上的可接受性」。

根據這一點，所謂的政治活動，就是依據法律的權威陳述，聯繫著內存於社群的價值、情感與信念，來從事公共事務的判斷，而這些判斷的結果，則將重新成為支持法治與法秩序的權威陳述。就此而言，號稱歐克秀政治哲學最後定論的《論人類行動》一書，著實體現出他試圖融合霍布斯的法律主義以及亞里斯多德的實踐理性的企圖（Tseng, 2003: 192-204），或也不妨說，歐克秀表現在該書中的哲學風格，同時擷取了霍布斯（與康德）的形式主義與黑格爾的歷史主義，並因而調解了法律權威的「形式途徑」與政治審議的「習慣途徑」（Gerencser, 2012: 333）。

事實上，在追溯「公民聯合體」的歷史起源時，歐克秀曾宣告說：此一觀點的特徵與假設「在近代是由布丹與霍布斯首開其端」，並經由洛克、孟德斯鳩、康德等哲人的灌溉，而「在黑格爾的著作中獲得了最充分的探究」（OH, 175）。在《論人類活動》第三篇有關國家理念的歷史敘述中，歐克秀因而以最長的篇幅重新詮釋了黑格爾的《法哲學》：黑格爾的法權（Das Recht）是「由法律（Gesetze）所組成的一套已知的、實效的（positive）、自我確認的、非工具性的規則體系」，不僅如此，黑格爾筆下的法律實際上「是人們依據一套法律體系所授權的程序加以制訂的」（OHC, 261）。惟因篇幅所限，此處無法詳述霍布斯、康德與黑格爾對於歐克秀的法治學說的實質影響；相對地，作者打算進入本文的最後一項主題，也就是藉著歐克秀對於近代政治思想史的宏觀敘述，來彰顯現代國家的二元特徵。

| 第十五章 |

國家的特徵
政治哲學與政治思想史的對話

通過前面幾章的討論，我們已經從哲學的角度探索了以個人自由為內在特徵的一種特殊的政治組合，也就是「公民聯合體」的基本條件：公民、規則、公共關懷、權威、義務與正義，並試著將這些條件和行動者與實踐體加以扣連，以彰顯法治國家所散發的自由氣息。現在，在最終回，作者想要經由回顧國家理念的歷史源流來總結全書。

對歐克秀來說，雖然追求「最不妥協的自由」是法治國家的理想，但這個理想並不是他自己憑空杜撰出來的烏托邦，因為在西方近代歷史舞台上，此一有關「個人主義政治」的想像，不但沒有完全消逝過，甚至始終是牽制「集體主義政治」的重要驅力。因此，除了政治哲學之外，歐克秀投入最多心力的另一個研究領域，就是對「公民聯合體」與「事業聯合體」在西方政治思想史上的遷移轉變，提出詳實的歷史敘述。

◆政治意識的邊界

societas vs. *universitas*

事實上，作為一位終身講授政治思想史的大學教授，歐克秀在其學術生涯的不同作品中，曾經轉換過好幾組對立的詞彙，來描繪現代國家的歷史特徵，包括：

一、「公民聯合體」與「事業聯合體」（e.g. OHC）。

二、「個人主義政治」與「集體主義政治」（e.g. MPME, RP, pp. 363-383）。

三、「懷疑論政治」（the politics of skepticism）與「信念論政治」或「理性論政治」（the politics of faith）（e.g. PFPS）。

四、「法律政體」與「目的政體」（e.g. LHPT）。

誠然這些詞彙的表達方式與立論焦點稍有不同，但歐克秀試圖經由兩股相互逆反的論述趨勢，來揭示現代國家的完整特徵的寫作立場，始終維持不變。又由於「聯合體模式與其政府職責是必然相關的」（VMES, 256），因此，歐克秀有關政治組合的討論重心，始終不離政府的職務、職權或職責。

換句話說，歐克秀的思想史敘述的特別之處，在於運用兩個極端對立的理念型；在他筆下，雖然過去五個世紀以來，西方對於政治組合模式以及政府活動職權的思考極為複雜，但從政治意識的整體性來看，其發展趨勢或演進方向大致不出以下兩個有關國家特徵的對立邊界：

> 一端是「事業聯合體」，認為政治組合與人群的其他集合形式，例如：友誼、家庭、工會、俱樂部等等，並無本質上的差異，其宗旨同樣是在追求某種共同目的或集體目標；因此，政府在合理範圍內應被允許擴張權力，以便形塑、實現公民成員的集體願景。
>
> 另外一端則是「公民聯合體」，宣稱政治組合有其特殊性，是一個因出生

而加入、因死亡而退出的「道德聯合體」；就此而言，最符合道德特徵的政府，應該是一個權力範圍受到限制的政府，因為唯有如此，作為自由行動者的公民，才能基於彼此對於「非工具性的法律規則的權威的共同承認」，來追求自己所設定的人生目的與人格特性。

總之，有關國家理念的探索，「公民聯合體」與「事業聯合體」不僅代表著兩種截然不同的理論觀點，同時呈現出兩種影響深遠的歷史想像。也因此，在《論人類行動》中歐克秀特別引用兩個拉丁文來表述它們的歷史特徵，此即 *societas* 以及 *universitas*。其思想源流，大致如下：

◆法律政體

從法律來思索國家理念，是古羅馬公民送給近代世界的政治禮物。

羅馬人的禮物

首先，*societas* 的歷史源頭可以回溯到羅馬傳統；因此，如前所述，歐克秀刻意援引了一組羅馬政治術語來界說其特徵。基本而言，在歐克秀的定義中，*societas* 的成員仍然維持各自的特殊性，因為把他們連結成一體的公共性，不在於追求一個實質的共同目的，而在於對法律權威的共同承認。就此而言，*societas* 在西賽羅（Cicero）對羅馬共和歷史的描述中便已大致確立其基本內涵：

一、「公民聯合體」是公民基於法律而連結成的一種夥伴關係。

二、這個夥伴關係的特殊性，在於它完全是由法律賦予公民成員共享的權利與義務，並因此代表著一種特殊的道德關係。

三、聯合體的存在是一個歷史性的延續狀態，而非經由理性協議或社會契約所創建的嶄新狀態。換言之，「公民聯合體」並不是公民自由選擇的結果，相反地，公民只能經由出生而加入，並因死亡而退出。

進入中世紀，「公民聯合體」的思維逐漸淹沒於歷史叢林中。然而，到了中世紀末期，隨著各種社群與集體生活的式微，崇尚個人自由的生活形態開始崛起：從此，歐洲近代文明中一種勇於拓展個體性的呼聲開始沸騰，而善用內在於人類行動的自由來認識自我與世界的籲求，也漸次成為了現代人的基本性格。我們甚至可以說，個人自由或個體性如今已是現代人的「人性尊嚴的標誌」（OHC, 234-236?）。

異鄉人的結社

在《論人類行動》中，歐克秀曾借用奧古斯丁（St. Augustine）的「異鄉人的結社」（civitas peregrine）概念[16]，來區分*societas*和*universitas* 的差別，從而傳神地刻畫出了 *societas* 的現代性精神：組成 *societas* 的分子，不是朝聖者（pilgrims），而是冒險家（adventurers）；朝聖者的志業是眾志成城，也就是排除萬難地往共同目的地前進，但冒險家與朝聖者不同，他的挑戰是在由同樣具有冒險精神的人群所組成的世界裡，盡其所能地回應自由意識的磨難（OHC, 242-243?）。換言之，探索西方現代性的一個重要的新面向，就是坦然面對我們所共同擁有的，不再是一個遠離塵世的永恆出口，而是在眾神林立、各顯神通的多元處境中，學習如何平等對待人人皆有的自由。

然而，歐克秀所推崇的個體性，不是回應市場社會或資本主義的自利行為者、沒有社群負擔的原子論個體、只聽命於道德良知的先驗主體、無拘無束的浪漫主義自我；相反，對歐克秀來說，人類是歷史性的存有者，自由是內在於人類活動的根本特質，所謂的個體性不如說是指：個人無時無刻不是在慾望的驅使下，置身於具體處境中進行選擇與判斷。而 *societas* 作為一種歷史想像的趨勢，則意味著在許多思想人物的腦海中，當國家被想像成沒有預設任何實質目的的聯合體時，個人自由最有機會以最不妥協的方式獲得體現。

在近代政治思想史中，曾對國家做出如此想像的著名作家不在少數。歐克秀別出心裁地將他們分成三類：

一、包括馬基維利（1469-1527）、美國開國元勳、洛克（John Locke）、柏克（Edmund Burke）、潘因（Thomas Paine）、朗克（Leopold von Ranke）、托克維爾（Alexis de Tocqueville）、艾克頓（Lord John Acton）……等，基本上只是將*societas*當作理解現代國家的一個隱晦預設。

二、以孟德斯鳩為代表，對*societas*提出更顯著的表述。

三、真正的政治哲學家不但明顯地將國家看成是*societas*，而且「藉著條件」來認識現代國家作為一種*societas*的特徵。在此，歐克秀特別推許的偉大作家，包括布丹（Jean Bodin）、霍布斯（Thomas Hobbes）、史賓諾莎、康德、費希特（Johann Gottlieb Fichte）、黑格爾。[17]

◆目的政體

將國家想像成教會、企業、學校或醫院，形同對個人自由施予嚴密的權力佈署。

關於國家的歷史想像，另一個極端對立的類比，即是 *universitas*，其最鮮明的歷史組織，就是教會、修道院、基爾特與大學。換句話說，西方近代歷史作家加諸在國家理念上的另一種想像，不是把國家當作公平處理人際紛爭的法庭，而是把國家當作是由一群志同道合的人，基於某些共同嗜好、興趣、志向與目標所組成的事業體。換言之，相對於 *societas*，*universitas* 的特色是組合成員放棄各自的獨特性以追求一個實質的共同目的，也就是萬眾一心（many-in-oneness）的單一人格（Franco, 1990, 201）。

歷史趨勢

簡潔地說，有幾個影響甚鉅的歷史趨勢，助長了「事業聯合體」的蔓延：

首先，喚起此一想像的重要泉源，來自一個中央集權的官僚行政體系在過去數百年來的不斷擴張。其次，在近代國家興起時，雖然國王所擁有的支配權力逐漸受到公民法律的約制，但這個過程是相當緩慢的，而在許多從封地領主制轉變而來的國家中，由一人獨攬權力的想法始終盤旋在人們心中，並成了推進國家事業體的潛在動力。再則，近代歐洲的歷史，同時是一段強權殖民、海外經營、戰爭不斷的歷史；由於戰事層出不窮，人們對於國家的愛國心因此很容易被凝聚起來，並將國家想像成基於單一目標而存在的事業體。然而，倘使說法治就是依法治理的公民狀態，而公民狀態就是和平自由的文明狀態，那麼「戰爭，在近代歐國家，就是公民聯合體的敵人」（OHC, 273）；交戰狀態即是公民狀態的對立面。

另外，從思想底層來看，在中世紀封建秩序瓦解之後，近代歐洲開始出現並長期存在著兩股相互拉扯的力道，那就是個人主義與集體主義，或個體性與反個體（the “individual manqué”）。前者試圖通過法律作為共同生活的準則，以便擁抱與享受更多的個人自由，後者則是期待藉著新的領導者來形塑新的集體目標，以重建一個新的整體秩序。無疑地，個人主義是「公民聯合體」的支柱，而集體主義則是「事業聯合體」的酵素。

從這個角度切入，誠如先前提過的，「公民聯合體」與「事業聯合體」的對立，基本上代表個人自由與集體權力的對峙。而為了彰顯個人自由不容動搖的核心地位，歐克秀探索「事業聯合體」之思想根源的著眼點，其實和傅柯（Michel Foucault, 1926-1984）頗為類似，也就是力圖揭露「事業聯合體」的各種變形，如何在追逐實質目的之集體滿足的歷程中，對個人自由施予了嚴密的權力佈署。

四種事業聯合體

進一步看，歐克秀把西方近代歷史舞台上所出現過的「事業聯合體」區分成四種類型：

一、教會——獲得救贖

在這裡，我們首先要討論的，是宗教型的「目的政體」認為國家好比一座教會，目的是讓大家獲得救贖。這不難理解，畢竟 *universitas* 這個字本身即帶有強烈的宗教意涵；而追求一個萬眾一心的「基督王國」，更曾經是中世紀許多聖潔心靈的共同信念。繞過許多天主教國家的國家形成經驗，按歐克秀的觀察，在近代歷史上最為接近宗教型「目的政體」的一個例證，就是喀爾文教派對於文化與宗教團結的一致追求；在此意義下，十六世紀的日內瓦所建立起的、共享救贖信念的王國，可謂是宗教型「目的政體」的典型代表。從後來的歷史經驗來看，追求宗教統一的思維，雖然在世俗主義與多元主義的衝擊下逐漸式微，但仍以各種形式掩藏在西方政治思想與政治意識當中。

二、貪婪群體（civitas cupiditas）——滿足大家的物慾

其次，在另一種極具影響力的想像中，國家好比一個貪婪群體，目的在於滿足大家的物慾。這便是經濟型的「目的政體」，認為國家的根本目的，在於竭盡所能地促進生產效能，以便帶給人民繁榮優渥的生活福祉。在這層意義上，歐克秀在不同著作中都一再提及培根（Francis Bacon, 1561-1626）的《新亞特蘭提斯》（*The New Atlantis*）的歷史意義；正是在培根的著作中，這種強調國家應以科學方法來對自然資源進行最大可能的開發，從而增進人類生活福祉的思想，正式誕生在歐洲歷史中，並從此滋長茁壯、未曾間斷。不僅如此，

依歐克秀的解讀，生產（productivity）與分配（distribution），甚或分配正義（distributive justice）其實是同源的，因為它們的支持者都是從「經濟人」的角度來思考國家性質。

就此而言，培根主義的繼承者包括聖西門（Henri de Saint-Simon, 1760-1825）、傅立葉（Charles Fourier, 1772-1837）、歐文（Robert Owen, 1771-1858）、馬克思（Karl Marx, 1818-1883）、韋布（Sydney Webb, 1859-1947），乃至於列寧（Vladimir Lenin, 1870-1924）。無疑地，此一模式在當代政治論述中，仍具龐大影響力，並對「法律政體」造成極大的威脅。因此，我們並不意外發現，歐克秀從未將「公民聯合體」直接等同於自由主義，因為「經濟人」模式至今仍是貫穿自由主義的思想導向，而自由主義與社會主義之爭，也依然困陷在生產與分配的謎團之中。故此，歐克秀指出：如果說近代歐洲的政治意識是一個兩極化的意識，那麼 *societas* 與 *universitas* 才是它們的極點，其他的緊張關係，包括所謂的左派與右派或政黨的派系，若與此相比，俱微不足道（OHC, 320）。

三、學校——社會化

再來，在不少作家筆下，國家好比一所學校，目的在於社會化。

簡略地說，到了十八世紀，尤其是重商主義（Cameralism）的論述以及普魯士「開明專制」的政治經驗，還助長了一種新的混合形態的出現，那就是開明型或啟蒙式的（enlightened）「目的政體」。基本而言，這是宗教型的「目的政體」的一種世俗化變形，因為在此思維中宗教的終極目的悄悄地被轉化成了一種世俗的德行，而這種德行又與經濟人的自利與貪婪（cupidity）巧妙地連結成一種工具性的合作體（an instrumental corporation），並構成了君主及其官員所奉行的單一施政方向（OHC, 299）。在開明型的「目的政體」中，官僚行政的聲勢又獲得進一步的擴展；此外它還有一個重要的特徵，那就是相信國家應該解決窮人的問題，並透過教育來使其順應更有教養的生活方式。

四、療養院——治療集體疾病：貧窮、焦慮、孤絕、恐懼

最後，「目的政體」的第四種形態是治療型的（therapeutic）。在這種想

像中，國家好比一間療養院，目的在於治療我們集體的疾病：貧窮、焦慮、孤絕、恐懼。

雖然認為全體人類遭受某些共同苦難的想法，是宗教常見的觀點，而在西方歷史上，基督教的原罪觀念即是一個顯著例證，但認為人們所面臨的災厄，只是一個「歷史的病理」並可以透過人為的力量（尤其科學）加以改造的想法，則是晚近這一兩百年才出現的。舉例來說，行為矯治、心理諮商、社會工作等名詞的流行，即代表著此一思維在當代社會的廣泛傳布。在這個意義上，整個世界，好比尼采（1844-1900）所言，就像一座「文化的精神病院」，而國家則像療養院一般，可以矯治我們病情。引用歌德的一段名言來說（quoted in Franco, 1990, 214）：

> 還有，我必須告訴我自己，我想這是真的，人性終將征服一切，只是我同時有點擔心，世界將因而變成一座大醫院，而每個人都將成為他人的人道照護者。

結語　顛覆與守成

行文至此，作者算是初步達成了本書的寫作目標：透過淺顯易懂的例證、以平易近人的方式，來闡釋歐克秀頗具創意的人類行動理論，進而針對「公民聯合體」的種種條件，進行抽絲剝繭的哲學透視；此外前文也試著從思想史的視野，簡述了現代國家理念的變遷。在本書的尾聲，作者想要緊扣歐克秀兼容「顛覆與守成」兩項元素的思想特性，來概括地點出為何他在當今西方政治哲學界理應占有一席之地。

個體性的捍衛者

於歐克秀而言，西方現代性的重大成就，無非就是個體性理念的出現，以及伴隨著「個人主義道德」而來的政治經驗與政治語言之變化。也因此，歐克秀的道德與政治思想，大抵上是圍繞著如何維護、發揚個體價值與個人自由而展開的。

從這點來說，歐克秀之所以著手重建「公民聯合體」的理想特徵與思想資源，其根本理由主要是為了提醒世人注意：真正能和個人自由相容共存的現代國家理念，實非一味追求實質共同目的之滿足的「目的聯合體」，而是基於公民性而成立的「公民聯合體」。依據歐克秀的理解，公民性是指公民群體對於「非工具性的規則的權威的相互承認」。

這清楚表示，在歐克秀看來，構成「公民聯合體」的基本條件並不必然包含民主，亦未必能伸張分配正義，而是緊密聯繫著以追求「最不妥協的自由」為宗旨的法治精神。順著這層意義來說，歐克秀的《論人類行動》一書，不但是當代政治哲學中從法治觀點來守護現代性成就的一本經典巨作，而且其中有關「公民聯合體」理論的精闢解析，饒富顛覆主流論述的省思，以及調節民主危機與正義偏失的啟示。

現代政治的警訊

在這裡有待重申的是：歐克秀對於自由與法治的堅定捍衛以及民主與正義的戒慎恐懼，並不意味著他敵視民主，更不是說一個政治社群不應追求正義。恰恰相反，其要旨不如說在於點出此一警訊：

政治實乃人類永恆的困境，因此特別是在談論諸如民主與正義等令人心神嚮往的偉大且美好的政治目標時，我們更應該抱持著如臨深淵、如履薄冰的謹慎態度。

事實上，有學者認為（Gerencser, 2000, chap.7; Minch, 2009），歐克秀對於政治判斷的重視，帶有民主審議的氣味；然而，他卻堅持自由與法治的首要性，並力圖恢復民主的歷史原意，視之為一種政體或憲法形態，從而將民主排除在作為一種人際關係與政治組合的「公民聯合體」的構成條件之外。探究原因，不外乎是因為在思想史與政治現實的意義上，以民主為政治最高原則的政體或憲法，往往都有自我毀滅的危險，並包藏著階級立法、多數專制、擴大階級仇視、點燃忌妒之心，乃至於民粹與媚俗等等可能威脅個人自由的潛在因素。

自由的熱愛者

基於相同的理由，歐克秀亦區分了程序正義與社會正義，或法的內在正義與法的外在正義的不同。我們或不妨說，在歐克秀的「公民聯合體」理論中，民主與正義都不是理想的公民狀態的首要價值，個人自由才是；換句話說，唯有當民主審議和正義理念可以和法治原理相通而不至於牴觸維護個人自由的最高價值時，才能被吸納進「公民聯合體」的政治實踐之中。

表面上看，這樣的思路似乎侷限了政治哲學的研究範疇，並因而再次印證了歐克秀的政治哲學長期受到忽略的主因。但深一層省思，「公民聯合體」理論的提出，不僅擴大了政治理解的議論範圍，並且增益了政治判斷的思想資源。更具體地說，由於分析哲學與理性論證原本就是當代政治哲學的主軸，因此很多讀者早已習慣哲學家藉著形式推論與邏輯演繹，來對正當性、權威、民主、正義與自由等政治價值提出抽離脈絡的證成基礎。相較之下，歐克秀的政治哲學的一大特色，就是摒除傳統政治哲學所依賴的契約論、效益論與義務論等思維路數，並放棄對終極權威的一勞永逸的解決方案，而轉從人際關係與行動脈絡，來思索國家作為一種政治組合的特徵與條件。

永恆哲學的迷思

從顛覆一面來看，歐克秀的哲學方法與思想史敘述，因而呈現出了對於主流政治哲學的一種批判與挑戰。雖然如此，從守成一面來看，藉著對「公民聯合體」的條件展開哲學解析以及對*societas*的演變進行歷史探索，歐克秀同時全面且深入地重塑了西方從羅馬以來的一個極其重要、卻已漸漸為人遺忘的思想傳統，那就是完全以法律規則作為政治社群之連結臍帶的「公民聯合體」。再一次地，歐克秀對於當代政治哲學的卓越貢獻，即是將崇尚法治精神的「公民聯合體」，重新理解成公民成員對於「非工具性的規則的權威的相互承認」。

進一步看，歐克秀對於主流政治哲學的顛覆，實際上牽涉到有關哲學的自我定位的深層質問。基本而言，歐克秀對於政治哲學的方法信念與研究課題的反省，和他對於政治理性主義的著名批判有關，而他對於政治理性主義的攻訐，則是源自他對於永恆哲學理念、道德普遍主義與科學至上主義的質疑。在他看來，正是這些信念的相互扣連，構成了一套足以嚴重威脅個人自由的文化意識形態。[18]就此而言，若要透徹地理解歐克秀面對現代性的複雜態度：一方面著眼於理性獨斷的鬆動與權威迷思的破解，二方面則是致力於個體價值的維護與個人自由的發揚；我們的觀察觸角就必須從「公民聯合體」，再次轉回到其道德信念、自由觀點，乃至於哲學思維本身。

跳脫框架的人類行動理論

如前所述，在自由與道德的議題上，歐克秀雖然從現代社會的多元差異現況出發，提出「想像與預期結果」的滿足作為自由的開端，並以（某種康德式的）「非工具性」或「非目的性」充當道德活動的特徵，但因深受黑格爾的影響，歐克秀基本上傾向於從行動者與實踐體不可分割的觀點，來將「自由選擇活動」看成是個人對於各種不同的生活方式與人際關係的體現，並將道德的履行當成是個人在會話交談中對於在地用語的慣常使用。

如此，歐克秀對於個體價值與個人自由的討論，同樣跳脫出了主流的框架，不再訴諸無上命令、天賦人權或人性原理，甚至也不再預設任何有關至善或完美的最高境界；相反，對歐克秀而言，現代人是在多元世界中彰顯慾望、在具體脈絡中塑造品格的冒險家，而非朝聖者；歐克秀對於人類處境的洞見，處處充滿「活在當下的人文情懷」，鮮少有對於不可知的未來的過度幻想。

推至其極，在最深層的意義上，真正和現代社會的多元分歧與個體差異產生齟齬，從而必須加以翻動的文化信念，指向了追求永恆真理與終極價值的一元論哲學。從這點來說，歐克秀之所以堅持哲學與理論平台以及行動世界之間的範疇差異，無非是為了避免因為理性的越界與誤用，而對個人自由與自主判斷帶來不當的箝制。誠然哲學作為一種不占據任何理論平台的無止無盡之探索，是對哲學思維本身的一種自我批判與自我限制；然而，在歐克秀的語境中，唯有當哲學不再扮演真理與至善的仲裁者，人類對話中的各種聲音才能相互爭鳴，從而豐富文明的內涵、增添人文的趣味。

穿越各種主義侷限的哲學旅人

綜上所述，一般所謂的自由主義、保守主義、社群主義或共和主義等標誌，並不適合直接套用在歐克秀身上。

歐克秀是一位穿越各種主義侷限的哲學旅人，在歷史洪流中相互激盪的自由主義、保守主義、社群主義或共和主義等政治思潮，都只是他用來重新理解人類政治條件與現代國家特徵的基本素材，而不是決定他思想發展路線的預設前提。

雖然歐克秀曾經撰文講述保守的意涵，但其所談論的保守，基本上是對於人類處境或人類行動特徵的一種哲學性描述；不僅如此，歐克秀在《論人類行動》曾明白表示，真正形塑歐洲現代政治意識的兩個極點，是*societas*和*universitas*，而非通稱的右派左派或是各種有關政黨主張的路線之爭（OHC, 320）；更重要的是，在歐克秀的哲學旅行中，充滿著對於主流論述的顛覆與批判。如果說歐克秀是一位保守主義者，那麼他應當是當代政治哲學中「最具顛覆性的一位保守主義者」了。

注釋

❶在歷史上，推崇個人自由的政治哲學家不勝枚舉，一般讀者耳熟能詳的大師，至少包括洛克（John Locke, 1632-1704）、康德（I. Kant, 1724-1804）與密爾（John S. Mill, 1806-1873）等。及至當代，高度讚揚自由價值的政治思想流派，也就是一般通稱的自由主義，則有兩個最主要的支流。一支是致力於調解自由與平等之衝突的「左翼自由主義」，它的代表人物有羅爾斯（John Rawls, 1921-2002）與德沃金（Ronald Dworkin, 1931-2013）；另一支則是堅持自由價值不應受制於任何平等原則（如分配正義）的「右翼自由主義」，其著稱的哲學奠基者，除了海耶克（F. H. Hayek, 1899-1992）與諾錫克（Robert Nozick, 1938-2002）之外，也有不少論者會將歐克秀列入其中。

❷來自英國媒體的盛譽還包括：「二十世紀鮮有的傑出政治哲學家之一」（*The Times*）；「或許是本世紀最具原創力的一位學院派政治哲學家」（*The Guardian*）；「這個世紀對保守主義政治之最具説服力與深度的哲學辯護」（*The Independent*）等等。以上評述轉引自Franco（2004: 1）。

❸引用黑格爾（G. W. F. Hegel, 1770-1831）的觀點來説，哲學因而可被看成是一種「無預設性」（presuppositionlessness）的知思活動，因為哲學的內在特點就是透過「自我批判」

與「普遍存疑」，來追求思想之最完整、最飽滿與最連貫的呈現（Hegel, 1991, 78）。也因此，我們可以說，哲學其實就是「思考思考自身」（the thinking of thinking itself）。然而，在歐克秀對黑格爾的重新解讀中，「無條件性」（unconditionality）並不是指一個事先已被決定的終點，而是指哲學家在無止無盡的思辨歷程中對於各種理解平台的「條件的條件性的持續辨識」（OHC, 11）。換句話說，正因為所有的理解平台都是條件性的，所以哲學家如果想要盡其所能地呈現出思想的完整性，就必須以「無條件性」作為哲學思維的內在特徵。

❹在這層意義上，歐克秀推崇黑格爾是一位真正的哲學家。他說：「Hegel was a philosopher, determined to understand everything in terms of its postulates and engage in a tireless exploration of the conditions of conditions which nevertheless recognized the conditional autonomy of whatever revealed itself to be conditional.」（OHC, 257）

❺這裡可能出現一個弔詭：如果說哲學是「對條件的條件進行無止無盡探索」，或者說，相對於理解平台的「條件性」，哲學的特點是「無條件性」，那麼持續不停地從事思辨工作的哲學家，似乎注定沒有辦法走到思想旅程的盡頭，而「無條件性」也就成了人們無法企及的遙遠夢想。對此，作者認為，一個可能回答是：正因為「無條件性」是人們永遠到達不了的天堂，所以歐克秀的哲學思緒，誠如稍後所將指出的，反倒顯露出一種深刻的「活在當下的人文情懷」。

❻有詮釋者認為，歐克秀的人類行動理論可以被視為一套具有詮釋學特質的人文與社會科學哲學（Nardin, 2001）。

❼舉一個實例來說，從事高槓桿金融商品操作的長期資本管理公司（Long-Term Capital

Management L. P. LTCM），其董事會成員包括了一九九七年因選擇權定價理論而獲得諾貝爾經濟學獎的兩位得主 Myron Scholes 以及Robert Merton，卻在一九九八年的四個月中虧損了四十六億美元，不得不請求政府紓困，並於二〇〇〇年倒閉。

❽歐克秀在生命接近盡頭時寫給他的高足Patrick Riley的一封信中提到：「I would like, more than anything else, to extend those brief pages in *On Human Conduct* into an essay……on religion, and particularly on the Christian religion. This ambition came to me, partly, from my re-reading all that St. Augustine wrote—St. Augustine and Montaigne, the two most remarkable men who have ever lived. What I would like to write is a new version, a post-Montaigne, post-Pascal, post-Blake version of Anselm's Cur deus homo—in which... 'salvation,' 'being saved,' is recognized as [having] nothing whatever to do with the future.」呼應前文有關哲學探索終究到達不了真理盡頭的講法，這段話所顯露的，是歐克秀作品中處處可見的一種「活在當下的人文情懷」。作者必須特別感謝本書的匿名審查人在這個問題上所給予的提示與啟發。

❾歐克秀筆下的 “self-enactment” 不是指康德式的自我立法，而是指行為者在交往互動的人際關係中，對於各種人生角色的「扮演」以及對於道德品格的「樹立」。在中文裡，這比較貼近於「自我塑造」或「自我形塑」的意思。

❿事實上，歐克秀在《經驗及其模式》中曾經自陳，他最推崇的兩位哲學家是黑格爾以及對黑格爾觀念論哲學做出懷疑論改造的布萊德禮（F. H. Bradley, 1846-1924）。在相當程度上，我們或不妨稱歐克秀為一位「懷疑的觀念論者」（see Tseng, 2003）。

⓫前面幾章有關「實踐體」的討論，不免讓人聯想到「傳統」這個時常引發爭議的觀念。其實在《論人類行動》中，歐克秀之所以改用「實踐體」來取代「傳統」，正是為了避免這

個一再出現在《政治中的理性主義》（*Rationalism in Politics and Other Essays*, 1962）文集中的傳統觀念所引起的不必要誤解。

⓬ 誠如法理學家顏厥安教授所言（2009:164）：「人民對於為何要服從加諸於其上的法律訓令，具備反思批判與溝通的能力，或起碼是潛力。」

⓭ 關於正當性問題的一個有趣類比，是關於暴君（a tyrant）與僭主（a usurper）的歷史評價之不同：僭主的統治地位是篡奪來的，因此沒有立法的正當職權，但僭主卻有可能依據人民利益來立法；相對於此，暴君的統治地位是合法繼承來的，並因此擁有立法的正當職權，但暴君每每樂於以自己的利益來立法（OH, 151, note 4）。

⓮ 在這方面最具代表性的經典，當然就是羅爾斯的《正義論》（*A Theory of Justice*）。

⓯ 歐克秀對羅爾斯的批評，請參見：OHC, 153, n1。

⓰ 這主要是參照蔡英文教授（1997: 61）的譯法。

⓱ 基於本書的題旨，有關這些理論大師的學說重點，只能留待他日另文討論。

⓲ 此即一般所謂的「啟蒙計畫」（the Enlightenment project）。

延伸閱讀

歐克秀晚年的扛鼎之作《論人類行動》（亦即*On Human Conduct*）向以晦澀難懂著稱，並有翻譯上的高難度。在本書中，作者基本上是透過《論人類行動》的架構來闡釋歐克秀的哲學與政治思想，在某種意義上，本書或可被看成《論人類行動》的中文長篇導讀。歐克秀早期的哲學著作，包括*Experience and Its Modes*以及*Early Political Writings*，具有強烈的觀念論色彩，中期的代表作品，特別是*Rationalism in Politics and Other Essay*以及*The Voice of Poetry in the Conversation of Mankind*則是充分發揮了懷疑主義的論述氣息。歐克秀早中晚期的哲學思想是否有所轉變，向來是學者間爭論的一大課題，拙作（Tseng, 2003）對此曾有探索，於此無法詳而論之，關注這個主題的讀者，亦可參閱Gerencser（2000）以及Botwinick（2011）這兩本專書。此外作者（Tseng, 2013）在另一篇論文中對貫穿本書的「實踐自主性」理念有深入的討論。

在政治思想史方面，歐克秀集中爬梳兩個對立範疇之思想泉源的敘述手法，可見於：*Morality and Politics in Modern Europe: The Harvard Lectures*；*The Politics of Faith and the Politics of Scepticism*；*Lectures in the History of Political Thought*。此外在霍布斯研究上，歐克秀聲譽卓絕、成一家之言，多篇著名論文均收錄在*Hobbes On Civil Association*一書，Ian Tregenza（2003）即以信念論與懷疑論此對立範疇為框架，全面地回顧與闡述歐克秀的霍布斯詮釋。

Experience and Its Modes，*On History and Other Essays*以及*What Is History? And Other Essays*等著作，均有專章或專文處理歷史知識及其條件。*The Voice of Liberal Learning*收錄了歐克秀批評當前教育與大學理念的論文。*The Voice of Poetry in the Conversation of Mankind*呈現出歐克秀的美學思維。及至晚年，歐克秀甚感遺憾的一件事，就是沒有對宗教進行較系統性的哲學闡釋，雖然在*On Human Conduct*以及*Religion, Politics, and the Moral Life*和其他著述中，還是可以瞥見歐克秀有關宗教的反覆思辨。

誠然歐克秀的思想層次相當深邃，但其哲學語言充滿文采，用字遣詞十分典雅。歐克秀的散文、評論與札記，已大致編輯完成並順利付梓，包括：*The Concept of a Philosophical Jurisprudence: Essays and Reviews, 1926-1951*；*The Vocabulary of a Modern European State: Essays and Reviews, 1952-1988*；*Notebooks, 1922-86*。

在二手詮釋方面，有關歐克秀思想的一般性介紹，可以參閱：Robert Grant（1990）；Jesswe Norman（ed. 1993）；Corey Abel and Timothy Fuller（eds. 2005）；Paul Franco and Lesli Marsh（eds. 2012）；Efraim Podoksik（ed. 2012）等文獻。W. H. Greenleaf（1966）以及 Paul Franco（1990, 2004）的專書，對歐克秀的政治哲學提供了全面而深入的詮釋。歐克秀「保守」的思想癖性來自於戰後深刻反省西方理性主義的思潮，相關討論可見Debra Candreva（2004）。歐克秀在這個反省理性主義思潮中的地位，以及與其他思想家之間的呼應與「對話」，可見Robert Devigne（1994）對戰後後現代主義的興起，以及歐克秀與史特勞斯（Leo Strauss, 1899-1973）進路不同回應的討論；「審慎適度」（moderation）或許是政治生活重要的文明規範，在Aurelian Crăiuțu（2017）所探究的這支戰後反理性思潮系譜中，歐克秀無疑也具有一席之地；Richard Boyd（2004）的著作則著重自由主義中一支抵禦工具理性，挽救多元價值的思想傳統：霍布斯、柏克、密爾與托克維爾，這支傳統的二十世紀代表即為歐克秀與海耶克；Gene Callahan（2012）從歐克秀對羅馬建城經驗的評論，重新探討了美國建國經驗的政治意涵，是對歐克秀的理性主義批判，頗具創意的切入點；Natalie Riendeau（2014）亦以歐克秀對羅馬經驗的闡述為引，強調人的實踐有其人文教養之功，對「傳統」的追求體現了政治聯合體的「奠基」（foundation）毋需理性乃至任何歷史目的的保證，歐克秀難稱「主義」的「保守」思想癖性，始終意在挽救人類政治生活的多元；而Corey Abel（ed. 2010）所編的論文集，可說集結了全球的歐克秀思想愛好者，探究保守主義的當代意涵，作者在該集子中的論文，則探討歐克秀對「啟蒙危機」的診斷及出路（Tseng, 2010），而歐克秀對現代性遺產的繼受，則可參見Efraim Podoksik（2003）。

歐克秀對政治生活有獨具風格的思索，反映在其別具深意的詞彙概念使用，Andrew Sullivan（2008）與及Suvi Soininen（2005）各自以「暗示」與「偶然性的技藝」為題的專著，都反映了其思想風格特有的魅力，若說哲學始於希臘哲人對生命意義的探究，Eric S. Kos（2007）的專著以此闡述了歐克秀思想少為人探究的希臘根源。當代左翼健將Perry Anderson（2005）對歐克秀乃至於其著述風格，有相當批判甚至近乎刻薄的詮釋，對歐克秀思想的同情者來說，可說是極具挑戰的智識「對話」。有關歐克秀法治思想與公民秩序的討論，可以參閱Chor-yung Cheung（2007）、Kenneth B. McIntyre（2004）以及David Dyzenhaus和Thomas Poole（eds. 2015）所編輯的論文集；Michael Minch（2009）的專書則探討歐克秀對當前「審議民主」論述在論理上的增補。

對極權主義的反思是戰後政治思想的一個背景，也是孕育歐克秀思想的脈絡，這是Terry Nardin（ed. 2015）此一論文集的主題，該書亦有幾個專章討論了歐克秀思想在東亞的繼受，Noël O'Sullivan（ed. 2017）編輯的專書則回顧了全球不同在地智識脈絡對歐克秀的闡發，此外Davide Orsi（2016）在最近出版的著作中，則是延續Terry Nardin（1983）的開創性研究，將歐克秀的法治理念帶進國際政治理論的討論中，足證其思想的韌性與活力，歐克秀的「跨界」潛力，也在於其思想與劍橋學派方法論之間的相互闡發，參見Martyn Thompson（2019）即將出版的著作。

Terry Nardin（2001）有關歐克秀哲學概念的介紹，深具人文社會科學哲學上的啟發性。Luke O'Sullivan（2003）以專書的篇幅細膩討論歐克秀的歷史哲學。Kevin Williams（2007）的專著與David Bakhurst和Paul Fairfield（eds. 2016）的論文集深入評估歐克秀的教育思想遺產。在宗教思想方面，Glenn Worthington（2005）以及Corey Elizabeth（2006）專著，多少彌補上歐克秀思想上的一個重要缺口。Luke Plotica（2015）的著作，著重於歐克秀與當代思想家的對話。

有關歐克秀研究的近況與完整二手文獻，讀者可以點閱Michael Oakeshott Association的官網查詢（http://www.michael-oakeshott-association.com）。

在華語學界，歐克秀（奧克肖特）的多本著作已有簡體字譯本問世，其政治思想在中國大陸開始慢慢受到重視。在台灣與香港，陳思賢教授（1991, 1994, 1995）、蔡英文教授（1995, 2009, 2012）與張楚勇（Cheung Chor-yung, 2007, 2012）教授，對歐克秀的論著都曾提出過精闢的詮釋，值得參酌。

Oakeshott的名字在華語學界出現多種譯法，如歐克秀、歐克夏、區克夏、奧克肖特等，本書採用蔡英文教授的譯法。

歐克秀的主要著作及縮寫

CJP——*The Concept of a Philosophical Jurisprudence: Essays and Reviews, 1926-1951*, ed. Luke O'Sullivan (Exeter: Imprint Academic, 2007).

EM——*Experience and Its Modes* (1933; repr., Cambridge: Cambridge University Press, 1966).

EPW——*Early Political Writings 1925-1930*, ed. Luke O'Sullivan (Exeter: Imprint Academic, 2010).

HCA——*Hobbes On Civil Association* (1975; repr., Indianapolis: Liberty Fund, 2000).

LHPT——*Lectures in the History of Political Thought*, ed. Terry Nardin and Luke O'Sullivan (Exeter: Imprint Academic, 2006).

MPME——*Morality and Politics in Modern Europe: The Harvard Lectures*, ed. S. R. Letwin (New Haven: Yale University Press, 1993).

NB——*Notebooks, 1922-86*, ed. Luke O'Sullivan (Exeter: Imprint Academic, 2014).

OH——*On History and Other Essays* (Oxford: Basil Blackwell, 1983).

OHC——*On Human Conduct* (Oxford: Clarendon Press, 1975).

PFPS——*The Politics of Faith and the Politics of Scepticism*, ed. Timothy Fuller (New Haven: Yale University Press, 1996).

RP——*Rationalism in Politics and Other Essays*, ed. Timothy Fuller, new and exp. ed. (Indianapolis: Liberty Fund, 1990).

RPML——*Religion, Politics, and the Moral Life*, ed. Timothy Fuller (New Haven: Yale University Press, 1993).

VMES——*The Vocabulary of a Modern European State: Essays and Reviews, 1952-1988*, ed. Luke O'Sullivan (Exeter: Imprint Academic, 2008).

VLL——*The Voice of Liberal Learning: Michael Oakeshott on Education*, ed. Timothy Fuller (New Haven: Yale University Press, 1989).

VP——*The Voice of Poetry in the Conversation of Mankind* (London: Bowes & Bowes, 1959).

WIH——*What Is History? And Other Essays*, ed. Luke O'Sullivan (Exeter: Imprint Academic, 2004).

參考文獻

Abel, Corey(ed.) 2010. *The Meanings of Michael Oakeshott's Conservatism*. Exeter: Imprint Academic.

Abel, Corey and Fuller, Timothy(eds.) 2005. *The Intellectual Legacy of Michael Oakeshott*. Exeter: Imprint Academic.

Anderson, Perry. 2005. "The Intransigent Right: Michael Oakeshott, Leo Strauss, Carl Schmitt, Friedrich von. Hayek," in *Spectrum: From Right to Left in the World of Ideas*. New York: Verso, pp. 3-28.

Bakhurst, David and Fairfield Paul(eds.) 2016. *Education and Conversation: Exploring Oakeshott's Legacy*. London: Bloomsbury.

Botwinick, Aryeh. 2011. *Michael Oakeshott's Skepticism*. Princeton: Princeton University

Press.

Boyd, Richard. 2004. *Uncivil Society: The Perils of Pluralism and the Making of Modern Liberalism*. Lanham, Md.: Lexington Books.

Callahan, Gene. 2012. *Oakeshott on Rome and America*. Charlottesville, VA.: Imprint Academic.

Candreva, Debra. 2004. *The Enemies of Perfection: Oakeshott, Plato, and the Critique of Rationalism*. Lanham, Md.: Lexington Books.

Cheung, Chor-yung. 2007. *The Quest for Civil Order: Politics, Rules and Individuality*. Exeter: Imprint Academic.

Coats, Wendell J. and Chor-Yung Cheung, 2012. *The Poetic Character of Human Activity: Collected Essays on The Thought of Michael Oakeshott*. Lanham Md.: Lexington Books.

Corey, Elizabeth C. 2006. *Michael Oakeshott on Religion, Aesthetics, and Politics*. London: University of Missouri Press.

Crăiuţu, Aurelian. 2017. *Faces of Moderation: The Art of Balance in an Age of Extremes*.

Philadelphia: University of Pennsylvania Press.

Devigne, Robert. 1994. *Recasting Conservatism: Oakeshott, Strauss, and the Response to Postmodernism*. New Haven: Yale University Press.

Dunn, John. 1990. *Interpreting Political Responsibility*. Cambridge: Polity.

Dyzenhaus, David and Thomas Poole(eds.) 2015. *Law, Liberty and State: Oakeshott, Hayek and Schmitt on the Rule of Law*. Cambridge: Cambridge University Press.

Easton, David. 1953. *The Political System: An Inquiry into the State of Political Science*. New York: Knopf.

Franco, Paul. 1990. *The Political Philosophy of Michael Oakeshott*. New Haven: Yale University Press.

Franco, Paul. 2004. *Michael Oakeshott: An Introduction*. New Haven: Yale University Press.

Franco, Paul and Marsh, Leslie(eds.) 2012. *A Companion to Michael Oakeshott*. University Park, Pennsylvania: The Pennsylvania State University Press.

Fuller, Lon L. 1963. *The Morality of Law*. New Heaven and London: Yale University Press.

Gerencser, Steven Anthony. 2000. *The Skeptic's Oakeshott*. London: Macmillan.

Grant, Robert. 1990. *Oakeshott*. London: Claridge Press.

Greenleaf, W. H. 1966. *Oakeshott's Philosophical Politics*. London: Longmans.

Herder, J. G. 2002. *Philosophical Writings*, trans. Michael N. Foster. Cambridge: Cambridge University Press.

Hegel, G. W. F. 1991. *The Encyclopedia Logic*, trans. T. F. Geraets, W. A. Suchting and H. S. Harries. Indianapolis: Hackett Publishing.

Hegel, G. W. F. 2011. *Elements of the Philosophy of Right*, ed. Allen W. Wood, trans. H. B. Nisbet. Cambridge: Cambridge University Press.

Kos, Eric S. 2007. *Michael Oakeshott, the Ancient Greeks, and the Philosophical Study of Politics*. Exeter: Imprint Academic.

Kuhn, Thomas. 1962. *The Structure of Scientific Revolutions*. Chicago: University of Chicago Press.

Lasswell, Harold D. 1958. *Politics: Who Gets What, When, How*. Cleveland: World Pub.

Lasswell, Harold D. and Abraham Kaplan. 1950. *Power and Society: A Framework for Political Inquiry*. New Heaven: Yale University Press.

Mcintyre, Kenneth B. 2004. *Limits of Political Theory: Oakeshott's Philosophy of Civil Association*. Exeter: Imprint Academic.

Milletts, Kate. 1970. *Sexual Politics*. Garden City, N. Y.: Doubleady.

Minch, Michael. 2009. *The Democratic Theory of Michael Oakeshott: Discourse, Contingency and the Politics of Conversation*. Exeter: Imprint Academic.

Nardin, Terry, 1983. *Law, Morality, and the Relations of States*. Princeton: Princeton University Press.

Nardin, Terry. 2001. *The Philosophy of Michael Oakeshott*. University Park: Pennsylvania State University Press.

Nardin, Terry, (ed.) 2015. *Michael Oakeshott's Cold War Liberalism*. New York: Palgrave Macmillan.

Norman, Jesse(ed.) 1993. *The Achievement of Michael Oakeshott*. London: Gerald Duckworth

& Co. Ltd.

Orsi, Davide. 2016. *Michael Oakeshott's Political Philosophy of International Relations: Civil Association and International Society*. Imprint: Palgrave Macmillan.

O'Sullivan, Noël, (ed.) 2017. *The Place of Michael Oakeshott in Contemporary Western and Non-Western Thought*. Exeter: Imprint Academic.

O'Sullivan, Luke. 2003. *Oakeshott on History*. Exeter: Imprint Academic.

Plotica, Luke P. 2015. *Michael Oakeshott and The Conversation of Modern Political Thought*. Albany: SUNY Press.

Podoksik, Efraim(ed.) 2012. *The Cambridge Companion to Oakeshott*. Cambridge: Cambridge University Press.

Podoksik, Efraim. 2003. *In Defence of Modernity: Vision and Philosophy in Michael Oakeshott*. Exeter: Imprint Academic.

Popper, Karl. 1962. *The Open Society and Its Enemies, Volume 2*. London: Routledge and Kengan Paul.

Rawls, John. 1973. *A Theory of Justice*. Oxford: Oxford University Press.

Riendeau, Natalie. 2014. *The Legendary Past: Michael Oakeshott on Imagination and Political Identity*. Exeter: Imprint Academic.

Soininen, Suvi. 2005. *From a Necessary Evil to an Art of Contingency: Michael Oakeshott's Conception of Political Activity*. Exeter: Imprint Academic.

Sullivan, Andrew. 2008. *Intimations Pursued: The Voice of Practice in the Conversation of Michael Oakeshott*. Exeter: Imprint Academic.

Thompson, Martyn. 2019. *Michael Oakeshott and the Cambridge School on the History of Political Thought*. New York: Routledge.

Tocqueville, Alexis de. 2000. *Democracy in America*, trans. Harver C. Mansfield and Delba Winthrop. Chicago: University of Chicago Press.

Tregenza, Ian. 2003. *Michael Oakeshott on Hobbes: A Study in the Renewal of Philosophical Ideas*. Exeter: Imprint Academic.

Tseng, Roy. 2003. *The Sceptical Idealist: Michael Oakeshott as a Critic of the Enlightenment*.

Exeter: Imprint Academic.

Tseng, Roy. 2010. "Conservatism, romanticism, and the understanding of modernity," in *The Meanings of Michael Oakeshott's Conservatism*, ed., Corey Abel. Exeter: Imprint Academic, pp.126-142.

Tseng, Roy. 2013. "Scepticism in Politics: A Dialogue between Michael Oakeshott and John Dunn," *History of Political Thought*, Volume XXXIV, No 1. pp. 143-170.

Williams, Kevin. 2007. *Education and the Voice of Michael Oakeshott*. Exeter: Imprint Academic.

Turner, Stephen. 2005. "The English Heidegger," (Review Essay of Terry Nardin, *The Philosophy of Michael Oakeshott*), *Philosophy of the Social Sciences* 35(3): 353-368.

Worthington, Glenn. 2005. *Religious and Poetic Experience in the Thought of Michael Oakeshott*. Exeter: Imprint Academic.

Boucher, David and Andrew Vincent著，曾國祥主編，許家豪譯，《自由主義與人權：英國觀念論的觀點》，新北市：巨流，二〇一三。

柏拉圖著，侯建譯，《柏拉圖理想國》，台北：聯經出版事業公司，一九八○。
馬克思、恩格斯著，《共產黨宣言》，北京：人民出版社，一九六三。
陳思賢，〈區克夏－古典的理想〉，收於周陽三主編，《當代政治心靈》，台北：正中書局，一九九一，頁八○－一○九。
陳思賢，〈「個人自由」或「公共權威」－簡論區克夏詮論霍布斯〉，《政治科學論叢》，第五期，一九九四，頁八七－九七。
陳思賢，〈區克夏論政治社群〉，《政治科學論叢》，第六期，一九九五，頁一七一－一九四。
蔡英文，〈麥可·歐克秀的市民社會理論：公民結社與政治社群〉，收於江宜樺、陳秀蓉主編，《政治社群》，台北：中央研究院中山人文社會科學研究所，一九九五，頁一七七－二一二。
蔡英文，〈認同與政治：一種理論性之反省〉，《政治科學論叢》，第八期，一九九七，頁五一－八四。

蔡英文，〈自由憲政理論：麥可·歐克秀的解釋〉，收於蔡英文著，《當代政治思潮》，二〇〇九，頁一九五－二七七。
蔡英文，〈麥可·歐克秀論歷史的時間性與歷史事件的建構〉，《新史學》，第二十三卷，第一期，二〇一二，頁一－三二。
顏厥安，〈民主社會的合法性與正當性〉，《思想》，第十一期，二〇〇九，頁一六三－一七一。

Wings

麥可・歐克秀

2018年12月初版　　定價：新臺幣380元

著者	曾國祥
叢書編輯	黃淑真
校對	吳美滿
內文排版	林婕瀅
封面設計	兒日
編輯主任	陳逸華

出版者	聯經出版事業股份有限公司
地址	新北市汐止區大同路一段369號1樓
編輯部地址	新北市汐止區大同路一段369號1樓
叢書編輯電話	(02)86925588轉5322
台北聯經書房	台北市新生南路三段94號
電話	(02)23620308
台中分公司	台中市北區崇德路一段198號
暨門市電話	(04)22312023
台中電子信箱	e-mail：linking2@ms42.hinet.net
郵政劃撥帳戶第	0100559-3號
郵撥電話	(02)23620308
印刷者	世和印製企業有限公司
總經銷	聯合發行股份有限公司
發行所	新北市新店區寶橋路235巷6弄6號2樓
電話	(02)29178022

總編輯	胡金倫
總經理	陳芝宇
社長	羅國俊
發行人	林載爵

行政院新聞局出版事業登記證局版臺業字第0130號

本書如有缺頁，破損，倒裝請寄回台北聯經書房更換。　ISBN 978-957-08-5222-6 (平裝)
電子信箱：linking@udngroup.com

國家圖書館出版品預行編目資料

麥可・歐克秀/曾國祥著．初版．新北市．聯經．2018年
12月（民107年）．320面．14×21公分（Wings）
ISBN　978-957-08-5222-6（平裝）

1.歐克秀（Oakeshott, Michael）
2.學術思想　3.經濟思想

570.9408　　107019908